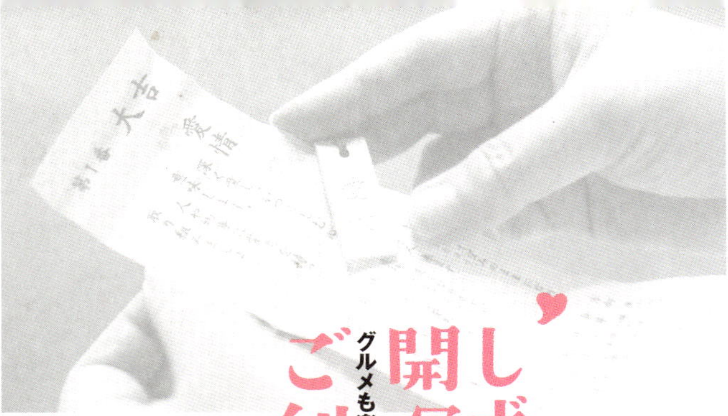

しずおか開運ご利益めぐり

グルメも楽しみ、運を呼び込む小さな旅

はじめに

最近、どこか神社やお寺に出かけましたか？
「京都の有名なお寺なら旅行で行く」
「初詣には行くけれど、普段はあんまり…」
そんな人が多いかもしれません。
でも実は、すぐ近くにある神社やお寺にも
ありがたいご利益スポットや
眺めるだけで心が洗われるパワースポット、
御神木などがあったりします。
それに何よりお参りすると、心がシャキッとして
気持ちがいいし、元気になれる気がします。
あなたも身近な神様を味方につけて、
運を呼び込む小さな旅に出かけてみませんか。

グルメも楽しみ、運を呼び込む小さな旅

しずおか開運ご利益めぐり

contents

《データの見方》

來宮神社
熱海市西山町43-1 …… 住所
☎0557-82-2241 …… 電話番号
拝観時間／自由 …… 社務所、授与所等の開所時間は異なる場合があります。
拝 観 料／なし …… 宝物館等別途入館料がかかる場合もあります。
ご 利 益／心願成就、良縁招来
健康長寿 …… スペースの都合で省略したご利益もあります。

●**澤田政廣美術館**
住 熱海市梅園町9-46 …… 住所
☎0557-81-9211 …… 電話番号
営 9:00～16:30　休 月曜 …… 営業時間／定休日
¥ 大人320円、中高生210円、小学生以下無料 …… 入場料など
P あり …… 駐車場

… 徒歩で行ける
… 車がお薦め
… レストラン・カフェ
… お土産スポット

●情報は2015年10月末現在のもので、拝観時間、営業時間、定休日、拝観料等は変更になる場合があります。お出かけの際は予めお問い合わせください。
●掲載写真は取材時のもので訪問時には様子が異なっている場合があります。各掲載施設、観光協会、市町村観光課等の提供写真も掲載しています。
●「ご利益別スポット案内」（P112）は、基本的に各施設からの提供写真と情報を基に掲載しています。
●金額表記は基本的に税込表記にしていますが一部、例外もあります。

ご利益別スポット案内

富士山開運
ご利益めぐり

世界遺産にも登録され、
ますます多くの人を惹きつける富士山。
開運ご利益めぐりの手始めには
やはり日本一のパワースポットがふさわしい。
美しい自然に触れ、古社をめぐり、
清らかな水が育んだ美味を味わう。
そんな旅に、出かけてみませんか。

神社をめぐり運気アップ

富士山詣で

Fujisan Moude

富士山開運
ご利益めぐり

霊峰・富士が御神体。日本随一のパワースポット

古くから富士山は神の山として信仰を集めてきたが、その富士山を御神体とするのが「富士山本宮浅間大社」。全国に1300余りある浅間神社の総本宮と称えられるこの社こそ、まず初めにお参りしたいスポットだ。

起源は紀元前27年、国中を恐れさせた富士山の噴火を鎮めるために富士山の神霊・浅間大神を祀ったのが始まり。その後2度の遷座を経てこの地に祀られた。富士山の頂上に奥宮があり、8合目より上は奥宮の境内、神域となっている。御祭神は美しい女性の神様「木花之佐久夜毘売命（このはなのさくやひめのみこと）」。恋愛や結婚、子育てなど女性の幸せにご利益があるとされている。ここに立つと、鮮やかな朱色の社殿から強いパワーが放たれているようで、心も身体も元気になりそうだ。

⛩ 富士山本宮浅間大社

ふじさんほんぐうせんげんたいしゃ

富士宮市宮町1-1　☎0544-27-2002
拝観時間／5:00～20:00
※3～10月は5:30～19:30、
11～2月は6:00～19:00
拝 観 料／なし
ご 利 益／安産、子授け、夫婦円満、火難消除

1. 13m近い高さの楼門。屋根は檜皮葺で作られている
2. 全国唯一の2階建ての本殿

本殿、拝殿、楼門は徳川家康公が1604年に造営した当時のものが現存する

7/8.「富士山絵馬」と「合格祈願絵馬」各500円　9.「袋守」1000円　10.「安産御守」2000円　11.「大開運日守」1000円　12.「富士山みくじ」（300円）は運気アップの富士山ストラップ付き。6色あり、緑は健康増進のお守り　13.「御朱印帳」1500円、「御朱印」300円

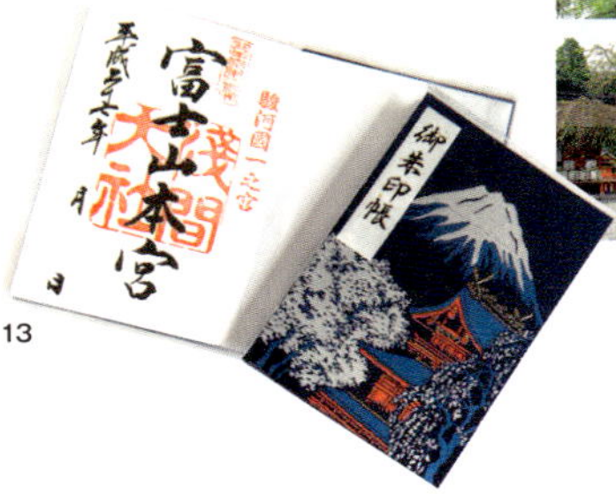

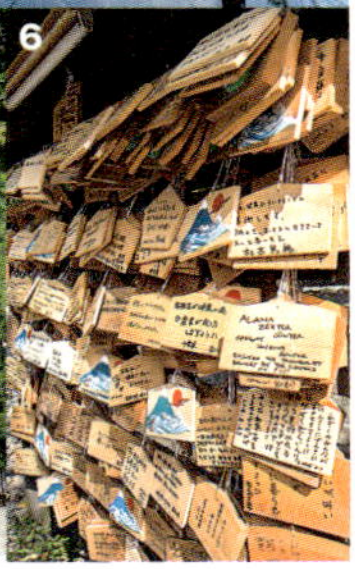

3/4.富士山の雪解け水が湧き出る湧玉池。透明度が高く、水面に映りこむ景色も美しい　5/6.「武田信玄公お手植えの桜の2代目」。ここに絵馬を結べば信玄公のパワーがもらえるかも

樹齢数百年の木々と苔むした石灯篭が続く参道

北口本宮冨士浅間神社《きたぐちほんぐうふじせんげんじんじゃ》

山梨県富士吉田市上吉田5558
☎0555-22-0221
拝観時間／自由
拝観料／なし
ご利益／安産、子授け、縁結び、火防、事業繁栄

1

4
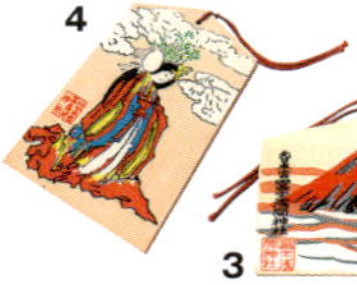

3

2

5

6

1.木造では大きさ日本一の大鳥居 **2.**「御朱印帳」2000円、「御朱印」300円 **3.**「吉祥赤冨士絵馬」500円　**4.**「木花開耶姫命絵馬」1000円　**5.**「安産御守」500円（手前）ほか　**6.**「美のおまもり」800円、「ランドセル守り」800円　**7.**樹齢約1000年の御神木と社殿　**8.**拝殿　**9.**武田信玄公が川中島合戦の戦勝祈願で再建した東宮本殿

美容の神様としても人気を集める

富士山の「吉田口登山道」の起点となる諏訪の森に鎮座する社で、日本武尊（やまとたけるのみこと）が東征の折に富士に立ち寄り、「富士の神山は北方より登拝せよ」と言ったことが起源とされる。主祭神は安産、子授け、火防の女神「木花開耶姫命」（このはなさくやひめのみこと）で、その美しさから近年は美容の神様としても親しまれている。参道に入ったとたん浄化されるようなすがすがしい気分になるから不思議だ。

9

8

7

⛩ 富士山小御嶽神社《ふじさんこみたけじんじゃ》

くぐるとご利益があると言われている「勝男木くぐり」

山梨県富士吉田市
上吉田小御岳下5617
吉田口登山道
☎0557-72-1475
開社／4～12月
拝観時間／9:00～16:00
拝観料／なし　ご利益／安産、縁結び、長寿、開運

5合目で縁結び祈願

富士山5合目に鎮座し、木花佐久夜毘売命の姉神様、磐長姫命（いわながひめのみこと）が祀られ、縁結びや安産にご利益があるとされる。5合目周辺は天狗が支配していたという言い伝えがあり、道開きの神様として末社に祀られている。ここから見る富士の雄姿と眼下に広がる景色も必見。

⛩ 山宮浅間神社《やまみやせんげんじんじゃ》

富士宮市山宮740
☎0544-22-1111
（富士宮市役所）
拝観時間／自由
拝観料／なし
ご利益／安産、厄災除け

本殿がなく富士山を拝む神社

富士山本宮浅間大社の前身で、目の前の富士山を直接拝むのがここならではの参拝の仕方。昔、本殿を造ろうとする度に大風が吹き、「これは風の神の祟りに違いない」と、建造されなかった。全国の浅間神社の中で最も古い社から、富士山のパワーを思いきりチャージしよう。

↑「扇子おみくじ」200円。天狗をモチーフにした魔除け「富士山大天狗鈴」1500円
←富士山小御嶽神社の本社

「御守」300円↑
「御朱印」300円↑

遥拝所から見える富士山に手を合わせる→

「金運カード」(1500円)↑
「ストラップ」800円↑

⛩ 石割神社《いしわりじんじゃ》

山梨県南都留郡山中湖村平野
☎0555-62-9977（山中湖村観光課）
拝観時間／自由
拝観料／なし
ご利益／開運、厄除、追儺、長寿息災

石段を上り、さらに20～30分歩くと大岩に着く

大岩の隙間をくぐって開運

標高1413mの石割山の8合目付近にある、漢字の「石」の形に割れた大岩を御神体とする珍しい神社。大岩の隙間を3回くぐると運が開けると言われ、滲み出る水は霊水として眼病、皮膚病に効くとされる。約400段の石段を登らないとたどり着けないが、ご利益のためならがんばれそうだ。

⛩ 新屋山神社奥宮《あらややまじんじゃおくみや》

山梨県富士吉田市新屋1230（本宮）
☎0555-24-0932
開社／5月連休前後～10月
拝観時間／自由
拝観料／なし
ご利益／金運アップなど

2合目にある金運アップの聖地

商売繁盛の神様として昔から地元の人に信仰されてきた神社。最近は金運アップにご利益があると話題になり全国から参拝者が訪れている。まずは本宮をお参りし奥宮へ、そして「環状列石（ストーンサークル）」を3周して願掛け。「金運カード」も忘れず購入しよう。

大自然の恵み、いただきます。
富士山グルメ
Fujisan Goulmet

1

1.富士の鶏の胸肉を真空低温調理したハムが盛られた「富士山麓の野菜サラダ ブランナチュール」。メニューはコースのみでランチ1900円～、ディナー3700円～
2.「ニジマスのポワレと銀杏のリゾット」。銀杏も米も富士宮産
3.「ラベンダーのクレームキャラメル ペパーミントのアイスクリーム ベリーとレモンバーベナのジュレ」。玉子とミルクは富士宮産。ハーブは自家栽培

地元産野菜と
天然キノコ

2

3

富士山麓の食材で作るフランス料理
RESTAURANT Mitsu ミツ

住富士宮市小泉2343-102　☎0544-22-4439
営11：30～14：30、18：00～21：00※予約がベター
休月曜　Pあり

地場産の野菜に始まり、青木養鶏場の「富士の鶏」、岡村牧場の「岡村牛」、朝霧高原の「LYB豚」、いでぼくの牛乳、ニジマス…、そして極めつけは富士山の天然キノコと山菜。レストラン「Mitsu」の厨房はいつもこんな富士山麓の食材であふれている。というのも、この道30年のオーナーシェフ・石川光博さんが作る料理は「富士山麓 郷土 フランス料理」。地元の食材を知り尽くしているからこそできる、贅沢なコースに仕立て、もてなしてくれる。

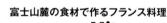

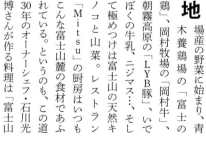

お土産に喜ばれそうな加工品や雑貨のコーナーもある。瓶詰の青シソやトマトの「ジェノベーゼ」、「バジルソース」などはきっと重宝するはず

アウトドア施設「PICA山中湖ヴィレッジ」内にあるレストラン。契約農家から仕入れる富士山麓の新鮮野菜、「甲州ワインビーフ」や「甲州健味どり」などの銘柄肉、沼津港から取り寄せる魚介など、富士山麓の食材をふんだんに用いたメニューが揃う。人気の「ランチコース」は前菜、パスタ、メイン、デザート、コーヒーが付いて1900円。山梨産を中心にセレクトされたワインと共に楽しみたい。食後のひと時を同施設内のハンモックカフェでのんびり過ごすのもいい。

山梨産ワインで、のんびりランチ

FUJIYAMA KITCHEN

フジヤマキッチン

住山梨県南都留郡山中湖村平野506-296
PICA山中湖ヴィレッジ内
☎0555-62-4155
営8:00～21:00（20:00LO）※季節により変動あり
休火曜 ※夏期、繁忙期は無休　Pあり

「ランチコース」1900円。
パスタとメインは仕入れと季節により内容が替わる

コース料理の一例

「野菜のエチュベ」（蒸し煮）

富士山開運
ご利益めぐり
富士山グルメ

富士の麓で極上フレンチを
レストランBio-s ビオス

住富士宮市大鹿窪939-1
☎0544-67-0095
営11:30～14:00、
17:30～20:00LO ※要予約
休火・水曜　Pあり

農薬・化学肥料は一切使わず、有機肥料だけで60品目以上の野菜を育てる農園「ビオファームまつき」に併設するレストラン。野菜はシェフが毎朝収穫し、素材の持つ甘みや旨味を最大限に引き出し、美しいフレンチに仕立てる。メニューは旬の野菜を贅沢に堪能する「季節のテイスティングコース」8500円と皿数が少ない「ショートコース」4500円の2種類（税・サービス料別）。極上の野菜料理を求めて県内外からグルメが集まる名店だ。

搾りたてミルクのフレッシュな味
カフェ＆ジェラート ナチュラヴィータ

住富士宮市内野1327　☎0544-54-0342
営9:00～18:00（17:30LO）※冬期は～17:00（16:30LO）、
9:00～10:00はドリンク、ジェラートのみ
休12/1～3/20の水曜、ほかに不定休あり　Pあり

隣接する「まかいの牧場」の搾りたて生乳で作るジェラートが評判。深いコクとさわやかな後味で、常時7種類、季節限定も1～3種類揃う。お腹が空いているならお肉満載の「ふじサンド」もお薦め。「まかいの牧場パン工房」の天然酵母玄米パンを使ったホットサンドだ。自家製厚切りベーコンと豚肉100％のハンバーグ、野菜をたっぷり挟んだ一品はボリュームも満点。目の前の富士山を眺めながら豪快にいこう。

1

2

1.静岡県産紅ほっぺを使用した「苺みるく」のほか、シンプルな「ミルク」も人気。シングル400円、ダブル450円　**2.**「ふじサンド」980円

湖畔で味わう霧下そば
手打ちそば やまさと

住山梨県南都留郡山中湖村山中21　☎0555-62-6262
営11:00～15:00
休火曜 ※祝日・年末年始は営業、繁忙期は無休　Pあり

1.山中湖はすぐ目の前　2.濃厚な味と香りがくせになる「鴨ダシせいろ」1600円

契約栽培の裏盤梯雄国産の霧下そばが味わえる人気店。蕎麦挽きに最も適していると言われる「蟻巣石」の石臼で挽いた粉を、富士山の湧水で丁寧に打った蕎麦は、手繰った瞬間に蕎麦の香りが広がり、のど越し、食べ応えも抜群だ。人気は「二八」（800円）や「粗びき田舎」（900円）のせいろだが、青森の契約先から仕入れる鴨ガラでだしを取る「鴨ダシせいろ」もお試しを。食後のデザートには湧水で作る「黒糖くず餅」（450円）がお薦め。

満席必至! 吉田うどんの名店
手打ちうどん 美也樹

住山梨県富士吉田市新西原4-3-6
☎0555-24-2448
営11:00～14:00（売り切れ次第終了）
休日曜、祝日　Pあり

まず一杯目は「肉天うどん」400円

富士吉田市内に60軒以上あるうどん屋のなかでも、屈指の人気を誇る。開店と同時に満席になるので混雑は覚悟しよう。郷土料理「吉田うどん」はその太い麺から「男うどん」とも呼ばれ、コシの強さが特徴。噛めば噛むほど味わい深い。当然この店もうどんは自家製、手打ち。ネギ、キャベツ、かき揚げ、馬肉がのった「肉天うどん」が不動の人気だ。カツオだしと醤油を使ったあっさり味のつゆも一滴残さず飲み干せる。どのメニューも手頃なので、「冷やしたぬき」（360円）をもう一杯という客も多い。

富士山開運
ご利益めぐり

富士山自然百景

美しい景色にパワーをもらおう

Nature of Fujisan

田貫湖ダブルダイヤモンド富士

住富士宮市佐折
☎0544-27-5240（富士宮市観光協会）

田貫湖は富士山頂から現れる太陽が美しく輝くダイヤモンド富士と、湖面に映し出されるもうひとつのダイヤモンド富士というダブルの絶景に出合える人気スポット。ただしこれが見られるのは4月20日、8月20日の前後1週間の午前6時頃のみ。天気の運にも左右される、出合えたらいいことが起こりそうな奇跡のシーンだ。

朝霧高原

住富士宮市根原
☎0544-27-5240（富士宮市観光協会）

富士山西麓の標高700～1000mに広がる高原で、5～8月の朝夕に霧が多く発生することからこの名が付いたと言われる。この辺りは酪農が盛んで、雄大な富士山と、その下で草を食む牛の群れというのどかな風景はここならでは。空気もやっぱりおいしい。

溶岩隧道御胎内《ようがんずいどうおたいない》

住御殿場市印野1382-1
☎0550-89-4398（富士山御胎内清宏園）
営8:30～17:00※11～1月は～16:30
休なし　¥入園料大人150円、子ども70円

御胎内清宏園内にある、富士山の噴火によって生まれた洞窟。洞内の造りが人体の内部に似ていることから「御胎内」と呼ばれる。乳房状の溶岩鍾乳や、肋骨状の溶岩など、奇岩、奇石からなる1周68.1mの洞窟内は真っ暗で探検家気分に。まさに神秘の世界だ。

白糸の滝

住 富士宮市上井出
☎0544-27-5240（富士宮市観光協会）

富士山の雪解け水が地層の境から流れ落ちる日本屈指の名瀑。大小数百の滝が高さ20m、幅150mの絶壁から流れ落ちる姿が絹糸を垂らしたように見えることから「白糸」の名が付いた。辺りはマイナスイオンにあふれ、その美しさと水しぶきに、すがすがしい気分になれる。

忍野八海 出口池《おしのはっかい でぐちいけ》

住 山梨県南都留郡忍野村忍草
☎0555-84-4221（忍野村観光案内所）

富士山の伏流水が湧く、出口池、御釜池、底抜池、銚子池、湧池、鏡池、濁池、菖蒲池の8つの池からなる湧水池。八海が点在する忍野村辺りはかつて大きなひとつの湖で、度重なる富士山の噴火で、山中湖と現在の8つの池が残ったと言われる。出口池はほかの7池から少し離れた場所にあり、八海の中で最大（面積1467㎡）。比較的観光客が少ない穴場なので、ここでのんびりするのがお薦め。

青木ヶ原樹海

住 山梨県南都留郡富士河口湖町、鳴沢村
☎0555-72-3168（富士河口湖町観光連盟）

河口湖町と鳴沢村にまたがる標高1000m付近に広がる原生林。1200年前に起きた富士山の噴火で流れ出た溶岩の上にできている。うっそうと茂る木と洞穴、苔むした溶岩など、まるで異次元に迷いこんだような気分になる。でも散策コースを歩けば迷う心配はないので安心を。有料のネイチャーガイドツアーもある。

山麓ならではの名品揃い
富士山土産
Fujisan Miyage

左から「純米酒」2160円、「特別純米ほまれふじ」2700円、「純米酒 青ラベル」2268円

創業300余年の酒蔵の自信作

富士錦

富士錦酒造《ふじにしきしゅぞう》

住富士宮市上柚野532
☎0544-66-0005
営8:00～17:00
休日曜、祝日　Pあり

「静岡酵母」で仕込む酒は香り高くまろやかな口当たりが特徴で、キレもいい。地酒好きなら蔵の見学（10：00～16：00／要予約）もお薦め。3月の「蔵開き」イベントには毎年1万5000人が訪れる。目玉は新酒の試飲や限定品の販売だ。

おみくじ付きの横丁名物

御くじ餅

富士山本宮浅間大社前「お宮横丁」の売店で買える縁起餅。徳川家康公が社殿を奉納した時、お祝いに紅白餅を振る舞ったことに由来。おみくじが付くのが人気の秘密。

売店きたがわ

住富士宮市宮町4-23お宮横丁
☎0544-66-6008
営10:00～17:30　休なし　Pなし

大納言小豆がのった「御くじ餅」700円

「ふじさんクリームパン」140円

山頂からクリーム噴出!?

ふじさんクリームパン

ブリオッシュ生地の中にカスタードクリームをたっぷり詰めた贅沢なパンは売り切れ必至の人気商品。食べると山頂から噴火したかのようにクリームがあふれるので要注意！「フランス産発酵バターのクロワッサン」（220円）や、「ベーコンFフランスパン」（260円）もお薦め。

GUCHIPAN《グチパン》

住富士宮市万野原新田
3323-18 ストラーダ102
☎0544-23-8814
営10:00～18:00
※売り切れ次第終了
休月曜、第3日曜　Pあり

人気B級グルメを家庭でも

富士宮やきそばむし麺

「富士宮やきそば学会」認定の製麺所が売店・食事処を併設。厳選した小麦粉を使った麺は、歯応えのある「黒麺」とソフトな「赤麺」のほか「極上麺」、「ヘルシー麺」の全4種類。オリジナル富士宮やきそば「こころソース」（598円）も販売。

「蒸し麺」78円～

木下製麺所《きのしたせいめんじょ》

住富士宮市野中東町43
☎0544-28-1211
営10:00～16:00※食事処は日曜11:00～15:00のみ営業
休水・日曜　Pあり

富士山を背景に泳ぐ鯛

ふじやまたいやき

富士山グッズを扱うカフェの名物。富士山型の鯛焼きは冷めてもおいしいモチッとした食感。創業74年の老舗製餡所の餡を使用、味は「あんこ」のほかクリーム入りなど4種類。富士山の標高3776mにちなんだ飴も好評だ。

富士山モチーフの「三七七六飴」325円

ふじやま屋　富士山駅店

住山梨県富士吉田市上吉田
2-5-1富士山駅構内
☎0555-72-8900
営8:00～18:00
休なし　Pあり

「ふじやまたいやき」160～180円

どこを切っても富士山!

富士山羊羹

金多"留満本店《きんだるまほんてん》

明治44年創業の老舗和菓子店のこだわりは、富士山の伏流水に何度もさらし、約8時間かけて籠炊きした小豆で作る餡。その餡を惜しみなく使う「富士山羊羹」は富士山をデザイン。抹茶の風味がさわやかで甘さ控えめな逸品だ。

住山梨県南都留郡富士河口湖町船津7407　☎055-72-2567
営9:00~19:00 ※冬期は~18:00
休なし　Pあり

名水と国産大豆で作る八海豆腐

富士山とうふ

創業大正年間という老舗の豆腐は、名水と名高い忍野村の湧水と良質な国産大豆、大島産海精にがりを使い、昔ながらの手作業で作られる。大豆の風味を生かしたまろやかな仕上がりはさすがだ。「富士山とうふ」は、ゴマの風味とコクが美味。「がんも」も好評だ。

忍野 八海とうふ《おしの はっかいとうふ》

住山梨県南都留郡忍野村内野537-4
☎0555-84-3029
営6:00~19:00
休なし　Pあり

インパクト大のマーブルケーキ

世界の富士山

箱からこの富士山が出てきたら、誰もが驚くはず。地元の「富士がね牛乳」や「富士山蜂蜜」を使ったチョコマーブルケーキだ。「ふじさんプリン」(432円)や「富士山サブレ」(270円)、新鮮果実のジェラートもお薦めだ。

ラ・ヴェルデュール木村屋

住山梨県南都留郡富士河口湖町船津2547-3　☎0555-73-1511
営10:00~19:00　休火曜　Pあり

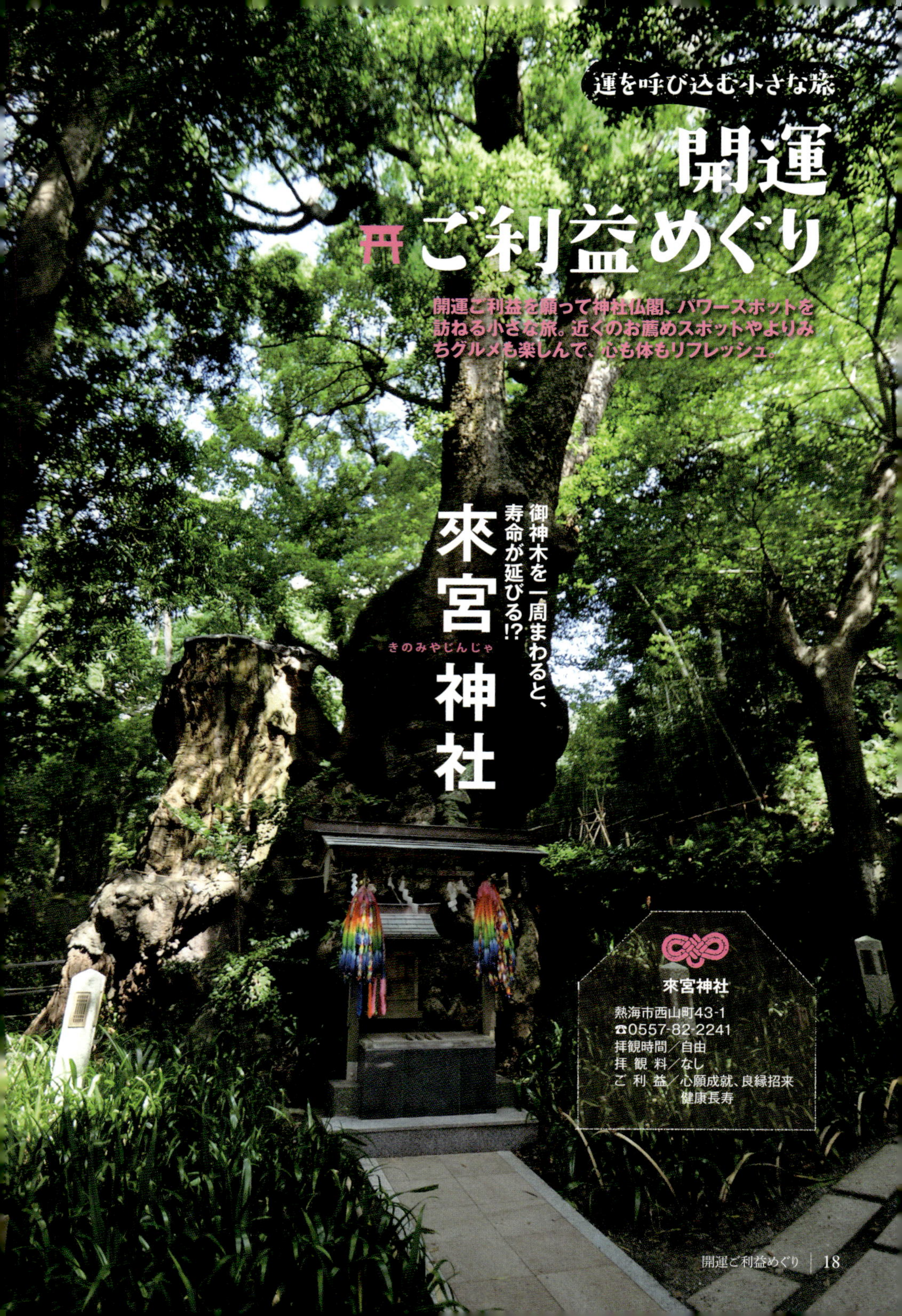

運を呼び込む小さな旅

開運 ご利益めぐり

開運ご利益を願って神社仏閣、パワースポットを訪ねる小さな旅。近くのお薦めスポットやよりみちグルメも楽しんで、心も体もリフレッシュ。

御神木を一周まわると、寿命が延びる!?

來宮神社《きのみやじんじゃ》

來宮神社

熱海市西山町43-1
☎0557-82-2241
拝観時間／自由
拝 観 料／なし
ご 利 益／心願成就、良縁招来
健康長寿

全国に44社あるキノミヤ神社の総社で、樹木と自然保護の神、大己貴命（おおなもちのみこと）、営業繁盛、身体強健の神、五十猛命（いたけるまみこと）、武勇と決断の神、日本武尊（やまとたけるのみこと）を祀る。境内には楠の木をはじめ大木が豊かに生い茂り、鳥居をくぐったその瞬間から、木々が放つ生命力に圧倒される。

なかでも樹齢2000年超、太さ約24ｍを誇る御神木の「大楠」はその枝ぶりも見事で、「この大木を一周すると寿命が一年延びる」、「願いを込めてまわると願いが叶う」と言われている。古代から日本では木や石、滝などの大きな自然の創造物には神が宿っていると信仰されてきたというが、ここに立てばまさにその神々しさが体感できる。

ライトアップは夕暮れ時から深夜（～24時）まで。境内に宿る「木霊」（こだま）を灯りで表現

1.緑に囲まれた大鳥居
2.小川が流れる境内に鎮座する本殿
3.稲荷神社。木々の緑に反射して鳥居が赤く光る
4.色鮮やかな千羽鶴が供えられた大楠

1.お酒好きの人へのお土産にいい「酒難除守」600円
2.「むし除守」600円。楠の葉は凶虫を避けると言われている

お酒のトラブルを除ける!?
「酒難除守」

飲酒によるケガや事故などの災い除けのお守り「酒難除守」。來宮神社は「忌の宮」神社とも解釈されて、断ち物や悪縁切りのご利益があるとも言われる。古くから禁酒の神様として崇められ、禁酒祈願に訪れる人も多い。「むし除守」は浮気虫・賭博虫・疳(かん)の虫など、心の虫に惑わされている人に。

カフェ茶寮「報鼓《ほうこ》」でいただく
「来福スイーツ」

参拝を済ませてたっぷりパワーを充電したら、境内にある神社直営カフェ「報鼓」でひと休み。その昔、來宮神社の御祭神に「麦こがし・橙(だいだい)・ところ(ヤマノイモ科の植物)・百合根」をお供えしたらとても喜んだという古記にちなんで、これら神様の好物を使った「来福スイーツ」を地元の菓子・パン店が開発した。コーヒーや甘酒と一緒に味わえる。隣接する「お休み処」には、そばやうどん、熱海名物「いかメンチ」もある。

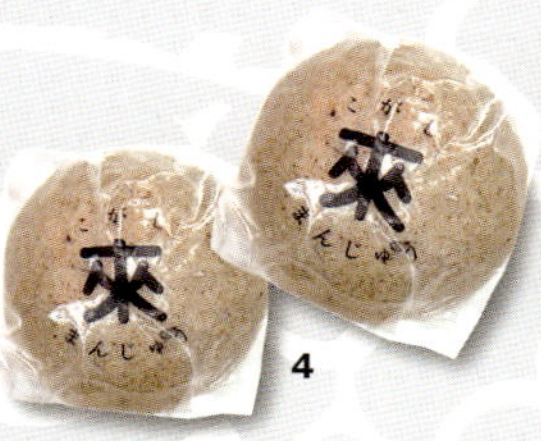

3.「むぎこがしアイスと栗しるこ」600円　4.「むぎこがしまんじゅう」1個100円　5.「大楠ロール」1本1080円、カット280円

熱海梅園との間を繋ぐ
来福ロード

來宮神社から熱海梅園までは徒歩で約10分。この2カ所を結ぶ福道町商店街にも「来福スイーツ」を販売する店が点在するので、食べ歩きを楽しむのもいい。秋の「もみじまつり」、春の「梅まつり」の時期は、美しい自然も満喫できる。

強運守護の赤白二龍《せきびゃくにりゅう》が見守るパワースポット

伊豆山神社《いずさんじんじゃ》

1.「赤白二龍」が見守る手水舎
2.本殿から望む相模湾

御祭神の伊豆山大神は温泉の守護神で、強運、天下取りの神様でもある。そのシンボルとされるのが「赤白二龍」。赤と白の龍神が力強く刻まれた強運守護のお守りは、見るからにパワーが宿っていそう。源頼朝と北条政子が結ばれた地であることから、近年は「縁結びスポット」としても人気を集めている。

本殿までは麓の伊豆山浜から８３７段の石段を登るか、駐車場から１８９段登るかどちらかで。登った先には相模湾の絶景が待っている。

伊豆山神社

熱海市伊豆山708-1
☎0557-80-3164
拝観時間／自由
※お守り授与所は9:00~16:00
拝 観 料／なし
ご 利 益／強運守護、良縁成就

二人サイズの**腰掛石**の前で合掌

平安後期、伊豆の蛭ヶ小島に流されていた源頼朝と恋に落ちた北条政子。しかしその恋は許されず父親の決めた山木兼隆に嫁ぐことに。ところが、婚礼の夜に政子は宴を抜け出し、七里の山を越えてこの地で頼朝と再会。二人は夫婦となった。険しい恋路の末に思いを叶えた二人が座ったとされる「腰掛石」が今も残る。

ハート型鈴根付「恋みくじ」

境内の結び所には願いを込めて結ばれたおみくじがいっぱい。老若男女を問わず人気の「恋みくじ」にはハート型の鈴の根付が付いていて、1回200円。鈴の色は6色あり、色占いになっている。

「強運守」500円

【ちょっと足をのばして…】

1

2

1.自然光で鑑賞するため季節によって見え方が違うのもおもしろい
2.梅まつり期間中（1月上旬〜3月上旬の梅園有料期間中に限る）は入館無料。四季折々の自然が美しい梅園を散策するのもお薦め

天女が舞うパワースポット

澤田政廣美術館《さわだせいこうびじゅつかん》

熱海梅園に隣接する美術館で、名誉市民の文化勲章受章者、澤田政廣氏の作品を展示している。彫刻をはじめ、絵画・墨彩・油絵・リトグラフなど、多くの作品が並んでいるが、注目は入口近くの天井に輝くステンドグラス「飛天」。直径5mの特大サイズで、その下でカップルが手を繋ぐと、天空を舞う4人の天女に祝福されて幸せになると言われている。

恋人たちのメモリースポット

あいじょう岬《あいじょうみさき》

アタミロープウェイに乗り約3分で着く山頂の「あいじょう岬」は、相模湾を見下ろす熱海随一の展望台。大きな錠前のモニュメントには恋人たちの願いを込めた絵馬がたくさんかけられ、デートスポットとして有名だ。絵馬には錠前と2つの鍵が付いているので、願いを込めて錠をかけた後は、鍵を2人の宝物として大切にしよう。隣接する「熱海秘宝館」は大人のテーマパークとして人気。

1.「若返る鳥居」の先の縁起処でお守りなどが売られている
2.山頂テラスにある「恋愛おみくじ」
3.山頂テラスからは天気が良ければ房総半島や三浦三崎、伊豆大島まで見渡せる

2

1

3

【よりみちグルメ】

1.「来宮大楠根っこパン」大345円、小172円。香ばしくローストしたマカダミアナッツがたっぷり　**2.**「来宮天狗ラスク」180円

神様の好物入りパンで福を呼ぶ

パン樹 久遠《パンじゅ くおん》

熱海駅前仲見世通り商店街にあるベーカリー。神社の大楠をイメージした「来宮大楠根っこパン」は御祭神の好きなミカン「だいだい」を混ぜ込んだハード系のパン。樹齢2000年の大楠の力強い曲線を再現した。味噌をベースにした素朴な味の「来宮天狗ラスク」にも神様の好物「麦こがし」が使われている。

ふんわりとしたスフレパンケーキ「88tees CAFEオリジナルパンケーキ」1080円

海から元気をもらえるハワイアンカフェ

88tees CAFE《ヤヤカフェ》

ハワイの人気Tシャツショップ「88Tees」の姉妹店。青い海と白い砂浜、ヤシの木が続く熱海サンビーチが目の前に広がる抜群のロケーションにある。ガーリックシュリンプやパンケーキ、スノーアイスなど、こだわりのハワイ料理が楽しめる。直輸入の88TeesのTシャツや雑貨が買えるショップも併設しているので、のぞいてみて。

●澤田政廣美術館
住熱海市梅園町9-46　☎0557-81-9211　営9:00～16:30
休月曜　¥大人320円、中高生210円、小学生以下無料　Pあり

●あいじょう岬
住熱海市熱海1992-1　☎0557-81-5800（アタミロープウェイ）
営ロープウェイ上り始発9:30、下り最終17:30　休なし
¥ロープウェイ往復600円　Pあり

●パン樹 久遠
住熱海市田原本町7-3　☎0557-81-3310　営7:30～18:00※木曜は9:00～16:00、売り切れ次第終了　休第1·3水曜（変更あり）　Pなし

●88tees CAFE
住熱海市東海岸町6-51メゾン紅葉1F　☎050-3116-3890
営10:00～20:00※夏期は9:00～21:00　休不定休　P市営あり

済広寺《さいこうじ》

かやの木、厄除け、占いで運気上昇

済広寺

賀茂郡東伊豆町稲取563-1
☎0557-95-2737
拝観時間／9:00～16:00
拝 観 料／なし
ご 利 益／長寿、災難除け、病気平癒
がん除け

参拝者に大人気の占い摩尼車

伊豆・稲取のパワースポットとして近年人気を集めているのがここ。永禄3（1560）年に創建された済広寺だ。樹齢750年の歳月を経た今も毎年大きな実をつける天然記念物「かやの大樹」が有名で、別名「かやの寺」と呼ばれるほど。木の下で深呼吸してパワーを授かろう。本堂に入ったら、まずは真っ暗な「不動消災の道」で厄落とし。暗闇を壁伝いに進むと、その先に不道明王が現れ、身も心も清められる。「羅漢の庭」を眺め、次にたどり着くのは天井絵が美しい納経堂だ。ここではチベット仏教の仏具、摩尼車で運気が占える。

「寺とは心を養い、癒やしを差し上げる場所」と説く住職の法話は、普段は団体客向けだが、本殿にいる時は少人数でも対応してくれるとのこと。「ビルマの竪琴」などミャンマーの国宝が並ぶ宝物館にもぜひ立ち寄ってみて。

占い摩尼車《まにぐるま》を回して運だめし!

まずは、生まれ年の守り本尊様の前で手を合わせ、両手で真ん中の摩尼車を回して願掛け。守り本尊様が自分の正面に戻って来たら今の運気は最高。真後ろだったら凶だが、両側の摩尼車を回して、上昇運を授かることができる。

おみくじも人気!

かやの実 入りの「パワー御守」

かやの木の実がかわいい布袋に入った「パワー御守」(500円)は、色も豊富でお土産にぴったり。迫力ある「勝」「金」の「おみくじ」(200円)も試してみて。

ミャンマーのお宝が待つ 宝物館

ミャンマー独立に貢献した稲取の出身者に、当時の首相がお礼にと贈った国宝の「釈迦如来像」と「ビルマの竪琴」が奉納されている。巨大な曼荼羅絵や徳川家ゆかりのお宝も見学できる(入館料300円)。

1

2

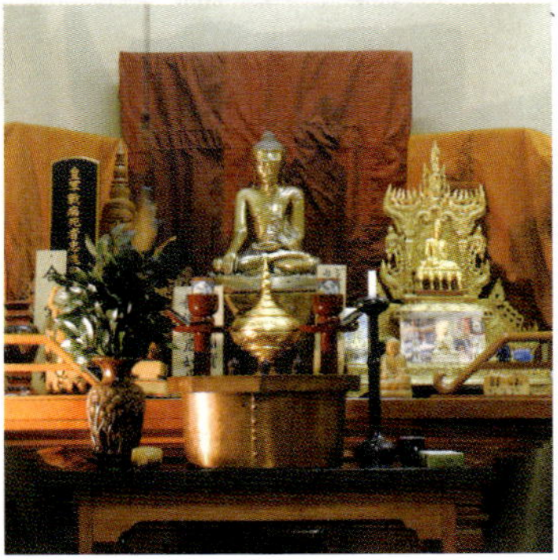

1.釈迦如来像は「平和釈迦如来」と名付けられ、神秘的なオーラを放つ
2.ビルマの国宝・ビルマの竪琴

【ちょっと足をのばして…】

2000年続く奇祭の
巨大御神体にビックリ

どんつく神社

晴れた日には伊豆七島まで見える高台にある稲取竜宮岬公園内の神社。毎年6月に行われる奇祭「どんつく祭り」の神輿に乗せられるケヤキの御神体は男性のシンボルをかたどったもの。夫婦和合、子孫繁栄にご利益があるとされる。お守りや開運グッズは稲取駅前の稲取温泉観光合同会社で購入できる。

2.2mの御神体。50周年に奉納された新御神体は4.2m（現在未公開）

どんつく神社

賀茂郡東伊豆町稲取1089-11
☎0557-95-1401（稲取温泉観光協会）
拝観時間／自由
拝 観 料／なし
ご 利 益／縁結び、夫婦和合、家内安全、子孫繁栄、無病息災

どんつく祭り50周年を記念して作られた「どんつく祭てぬぐい」800円

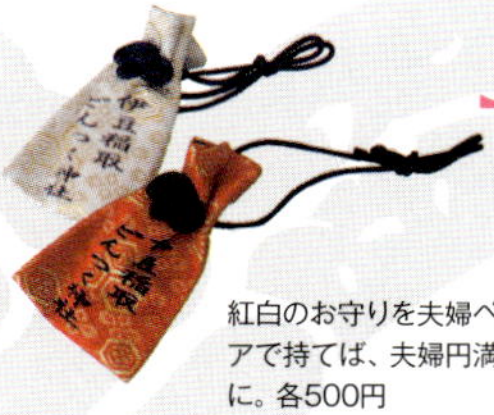

紅白のお守りを夫婦ペアで持てば、夫婦円満に。各500円

蛇石に触れて金運アップ

清光院《せいこういん》

祠の中に手を伸ばして金運をつかもう

金色の大蛇がまとわりついたようにみえる「蛇石」が、金運アップにご利益があると口コミで評判に。長年お地蔵様の足元に隠れ、誰の目にも留まらなかった石だが、ある檀家が蛇の夢を見たその日に偶然発見。その後、良いことが重なり、現在の場所に安置されたという。稲取港を一望するここからの絶景もご利益がありそう!?

清光院

賀茂郡東伊豆町稲取344-3
☎0557-95-2928
拝観時間／自由
拝 観 料／なし
ご 利 益／金運上昇

「蛇石」の御朱印で、さらなる金運アップ！

【よりみちグルメ】

稲取のB級グルメ「肉チャーハン」

かっぱ食堂

「肉チャーハン」950円

創業50年の「かっぱ食堂」は清光院の近くにある元祖「肉チャーハン」の店。稲取でチャーハンといえば、卵チャーハンに肉と野菜がたっぷり入ったあんを豪快にかけるのが定番。カリッとした豚バラの香ばしさと濃いめの味が後を引く。先代が考案した稲取の味を2代目が誠実に継承している。

ジャズの流れるカフェでひと休み

JAZZ&CAFE DJARM12《ジャルーン》

「白玉クリームあんみつ」700円

木の温もりと重厚感のあるインテリアが心地よいカフェ。古民家風の店内にジャズが流れ、時間が穏やかに過ぎていく。稲取産寒天と濃厚な黒蜜がおいしい「白玉クリームあんみつ」はひと休みにぴったり。ガーリック風味の和牛ステーキがメインの「ジャルーンプレート」（1800円）もお薦めだ。

●かっぱ食堂

住賀茂郡東伊豆町稲取400-4　☎0557-95-2092

営11：00～15：00LO　休水曜　Pあり

●JAZZ&CAFE DJARM12 ジャルーン

住賀茂郡東伊豆町稲取3031-227　☎0557-95-2746

営10：00～22：00LO　休水曜　Pあり

運を呼び込む小さな旅
開運ご利益めぐり

恋人岬《こいびとみさき》

二人で幸せの鐘を鳴らそう

駿河湾と富士山の絶景パノラマが楽しめる恋人たちのメッカと言えばここ。この地の民話によると、その昔、遠距離恋愛でなかなか会えない、漁師の福太郎と畑仕事を手伝うおよねのカップルがいて、恋の願掛けをするおよねに神様が2つの鐘を授けた。福太郎は船の上から、およねは陸から鐘を鳴らし愛を確かめ合ったのがこの岬で、「恋人岬」と命名されたのもそれが由来。岬の先端にある「ラブコールベル」を3回鳴らせば、恋愛が成就すると言われるようになった。

またグアムの恋人岬から贈られた「金の鐘」と、グアムにある「銀の鐘」の両方を二人で鳴らせば、最高の幸せが訪れるそうだ。2015年2月には展望デッキや、仲良く手をつないで岬を目指すボードウォーク「手をつなぐみち」も新設され、ますますご利益アップ⁉

展望デッキにある「ラブコールベル」と恋人の像「アモーレ」

グアムに行く予定がなくても、「金の鐘」も鳴らしておこう

恋人岬

伊豆市小下田242-1
☎0558-99-0270
時　間／自由
※売店、事務所は9:00〜17:00
料　金／なし
ご利益／恋愛成就、縁結び

願いを一つだけ叶えてくれる
幸福地蔵

願いが叶うことで有名な京都・鈴虫寺に祀られている幸福地蔵の分身。お参りすれば一つだけ願いを叶えてくれるという。お地蔵様は大抵裸足が多いが、ここの幸福地蔵はワラジを履いている。お参りした人の所まで願いを叶えに来てくれるからだという。

1.お参りでは願い事と一緒に住所と名前も忘れずに伝えて
2.両手で挟んで幸福地蔵に祈る「幸福御守」324円。欲張らずに、一枚のお守りに願い事は一つにしよう

次の駅は結婚!?

恋人岬で見つけた駅の看板、次の駅は「結婚」だ。恋の定期券（250円）や、結婚行きの切符（150円）、絵馬（648円）も発見

5
4

恋人グッズは愛の証し!?

恋人岬の入口にある恋人岬ステラハウスには、恋人グッズがいろいろ。中でも人気は「ラブコールベル」を鳴らした証しに買う人が多い「恋愛宣言証明書」。そしてめでたく結婚となった時には事務局に連絡を。祝電か結婚記念品がもらえるそうだ。「恋愛中」、「熱愛宣言」、「結婚しました」といった各種絵馬に名前を書いたら愛の証しとして近くにある結び所へ。

3.「恋愛宣言証明書」（ピンク・ブルー）各500円
4.「ラブアップル」各370円
5.「愛情絵馬デラックス」790円

3

【ちょっと足をのばして…】

手をつないだようなくぐり木

土肥神社《といじんじゃ》

樹齢1000年を超す大木が鎮座する土肥神社は、豊御玉命（とよみたまのみこと）を祀る神社。社殿の横には、まるで手をつないでいるかのようなマキとクスの2本でできた「くぐり木」があり、その木の下を、合格を願ってくぐれば学業成就、縁結びを願えば良縁に恵まれるなど、どんな願い事も念じながらくぐれば成就すると言われている。毎年10月には例大祭が行われ、流鏑馬を模した神事や仮装行列などが披露される。

土肥神社

伊豆市土肥729-1　☎0558-98-1212
（伊豆市観光協会土肥支部）
拝観時間／自由
拝 観 料／なし
ご 利 益／夫婦円満、縁結び、商売繁盛、学業成就、家内安全

境内の入口には「平安の大楠」とよばれる、樹齢1000年以上の御神木が立つ

安楽寺

伊豆市土肥709
☎0558-98-0309
拝観時間／8:30～17:00
拝 観 料／150円
ご 利 益／病気平癒、子宝、恋愛･結婚成就、無病息災、安産

1.坑道奥には夫婦神社があり、子宝を願う絵馬も奉納できる
2.恋愛･結婚成就の祈願に「夫婦達磨」（1000円）を求める人も多い

坑内の地蔵に病気平癒を祈願

安楽寺･まぶ湯《あんらくじ・まぶゆ》

境内の坑道に土肥温泉発祥の湯「まぶ湯」が湧く珍しい神社。金の採掘時に湧き出したこの温泉に入ったところ病気が治ったという言い伝えがあり、多くの人が病気平癒を願い入浴したそうだ。現在は入浴できないが、脇に祀られた地蔵に病気平癒を祈願して温泉に触れた手でさするとご利益があるという。

【よりみちグルメ】

金のパワーで一獲千金!

土肥金山《といきんざん》

恋人岬から車で約15分ほど北上した所にある、坑内めぐりや砂金採りが体験できるスポット。金粉入りで金運アップが期待できるお土産は、人気のカステラから、お茶、まんじゅうなど、選ぶのに迷うほど種類も豊富。お土産だけでなく、坑内の「黄金の鳥居」がある山神社にお参りすれば一獲千金も夢じゃないかも!?

お土産人気トップ2の「土肥金山カステラ」980円と、「土肥金山まんじゅう」1680円

プリンでささやく愛の言葉!?

恋人岬ステラハウス《こいびとみさきステラハウス》

「君」と卵の「黄身」をかけたユニークなネーミングが好評の「恋人岬の君だけプリン」。その名の通り黄身だけを使った濃厚な味わいで、自分でかけるほんのり苦いキャラメルソースとの相性もぴったり。恋人岬のベルを鳴らした後に、仲良く分け合って食べるカップルの姿もよく見かける。

ここでしか手に入らない「恋人岬の君だけプリン」378円

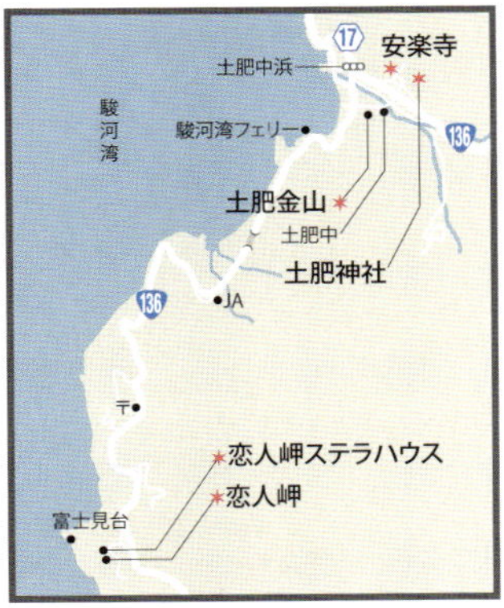

●**土肥金山**
住伊豆市土肥2726　☎0558-98-0800
営9:00～17:00（16:30最終入場）　休12月にあり
¥入場料大人860円、子ども430円
（砂金採り体験は大人720円、子ども610円）　Pあり

●**恋人岬ステラハウス**
住伊豆市小下田242-1　☎0558-99-0270
営9:00～17:00　休不定休　Pあり

三嶋大社《みしまたいしゃ》

恵比寿さんのご利益、商売繁盛、金運アップ！

三嶋大社

三島市大宮町2-1-5
☎055-975-0172
拝観時間／自由
拝観料／なし
ご利益／商売繁盛、家内安全

（右）北条政子が信仰した「厳島神社」。御祭神は商売繁盛、安産、裁縫の守護神
（上）天然記念物のキンモクセイは老齢で葉が薄くなっているが毎年初秋には黄金色の花で参拝者を楽しませてくれる

御祭神は、山・森・農業の守護神・大山祇命（おおやまつみのみこと）と、福徳の神様として商・工・漁業を司る、恵比寿様とも呼ばれる積羽八重事代主神（つみはやえことしろぬしのかみ）。その総称を三嶋大明神としている。源頼朝が祈願して源氏再興に成功したことから多くの武家にも信仰され、商売繁盛の宮としても親しまれてきた。大鳥居をくぐると、亀や鯉が悠々と泳ぐ大きな神池があり、深い緑に囲まれた参道が続く。桜の名所としても有名で、満開の時期には多くの人で賑わい、9～10月頃には、樹齢1200年のキンモクセイの香りが境内を包みこむ。お参りがてら境内をのんびり散策した後は、「福太郎本舗」で一服を。

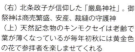

めで鯛 お守りと三嶋駒

　真っ赤な鯛がかわいらしい「健康幸せおまもり」をはじめ、恵比寿様を祀る三嶋大社ならではのお守りがいろいろ。中でも干支が描かれた厚さ4.5cmもある「三嶋駒」は、開運大吉のお守りや心願成就・家内安全の縁起物として買い求める人が多い。

1

2

3

1.「三嶋駒」4.5cm1200円、6cm10000円　**2.**くるんとした目がかわいらしい「健康幸せおまもり」800円　**3.**キンモクセイの香りがする「香り守」700円

国宝を所有する宝物館

　境内にある宝物館は、重要文化財の刀剣、源頼朝や北条早雲の古文書など、約2000点を収蔵。北条政子が奉納したとされる「梅蒔絵手箱」は、鎌倉時代当時の最高技術を結集させた名品。蒔絵基本技法の完成期を示す作品で国宝に指定されている(9：00～16：30／入館料一般500円、大学・高校400円、小・中学生300円)。

金色に輝く「梅蒔絵手箱」（通常は模造復元品を展示）

福太郎2個にお茶が付いて200円。お土産には12個入り（950円）がお薦め

縁起餅「福太郎」とお茶で一服

　三嶋大社で毎年1月7日に行われる、豊作を祈願する「田祭り」。稲作行事を狂言風に演じるこの神事の登場人物、福太郎をモチーフにしたのが縁起餅「福太郎」だ。餅で顔、こし餡で烏帽子を表現した、ヨモギの香り豊かな草餅だ。

【ちょっと足をのばして…】

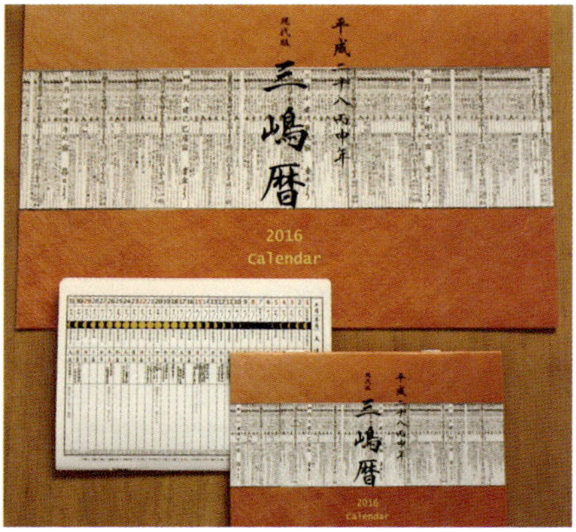

現代版三嶋暦のカレンダー500円

無料で印刷体験ができる

日本最古の美しい仮名暦

三嶋暦師の館《みしまごよみしのやかた》

仮名文字印刷の暦としては、日本最古と言われる「三嶋暦」。その文字の美しさや線の繊細さが評判となり、江戸末期には全国の暦屋（約20軒）総数で450～500万部発行されていたという。当時の日本の人口は約2800万人というから、大ベストセラーだ。この暦を代々制作・販売してきた河合家の、武家屋敷風の建物が資料館になっている。暦の原本や版木なども見学でき、ボランティアスタッフが丁寧に解説してくれる。

ハートの木を見つけて恋愛運アップ!?

三島市立公園 楽寿園《らくじゅえん》

三島駅にほど近い緑豊かな自然公園が恋愛スポットとして人気を呼んでいる。園内の木の中に6本だけ、どこかにハートの形が隠れている木がある。全部見つけると幸せになれると言われている。ヒントは、ムクノキやトネリコなどすべて違う種類の木。根元部分に1～6号まで目印が設置されているので、探してみよう。デートで訪れても楽しいかも。

同じハートでも見た目はいろいろ。木々を眺めながら歩くだけで自然からパワーがもらえそう

【よりみちグルメ】

縁起のいい
「恵比寿最中」をお土産に

兎月園《とげつえん》

創業80年の老舗和菓子店。ズラリ並ぶ菓子は約200種類、美しい上生菓子から焼き菓子まで多彩に揃う。三嶋大社の御祭神、恵比寿様をモチーフにした「恵比寿最中」や、三島市の花、三島桜にちなんだ「三島ざくら」(120円)はお土産にぴったり。伊豆箱根鉄道の恋愛成就の吊り革にちなんで生まれた「幸せの吊革クッキー」もお見逃しなく。

1

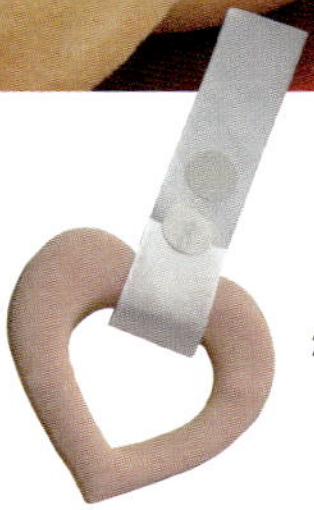

2

1.白餡とつぶ餡がある「恵比寿最中」120円　**2.**ピンクのチョコでコーティングされた「幸せの吊革クッキー」150円

プレートランチ「La palette（ラ・パレット）」2160円。焼きたてバゲットが美味

ベーカリー併設のフレンチレストラン

gawa Mishima《ガワ ミシマ》

川のせせらぎが心地いいフレンチレストラン。沼津魚市場から仕入れる鮮魚や自家菜園の野菜など、厳選素材で作る料理が好評で、プレートランチのファンも多い。併設のベーカリー（パン販売は10：30～16：00、18：00～21：00）ではバゲットやカンパーニュなどのハード系が充実。「クロックムッシュ」(378円)や「生ハムとバジル」(324円)もお薦め。

●三嶋暦師の館
住三島市大宮町2-5-17　☎055-976-3088
営9：30～16：30　休月曜　¥なし　Pなし

●三島市立公園　楽寿園
住三島市一番町19-3　☎055-975-2570
営9：00～16：30最終入園※11～3月は～16：00
休月曜、年末年始　¥300円 ※15歳以下は無料　Pあり

●兎月園
住三島市中央町3-40　☎055-972-2366
営9：00～19：00※水曜は～17：00　休なし　Pあり

●gawa Mishima
住三島市北田町1-13　☎055-972-5040
営11：40～13：30、18：00～21：00LO
休日曜、木曜のランチ（木曜はパン販売なし）　Pなし

一度のお参りで3つの願い事が叶う!?

お湯かけ弁財天《おゆかけべんざいてん》

熱川温泉発祥の地に建つ「お湯かけ弁財天」

湯けむりを上げる噴泉塔が、湯のまちの情緒を醸し出す熱川温泉。伊豆熱川駅から徒歩3分、濁（にごり）川の脇に立つ「お湯かけ弁財天」は、「商売繁盛・縁結び・金運アップ」の3つの願い事が一度にできると話題のスポットだ。

　ある時、土地の持ち主の夢枕に弁財天が現れ、「ここを掘ると温泉が湧く。そこに私の像を建て、お湯をかけて願い事をすれば土地は繁栄し所願が叶うだろう」と言った。そのお告げ通りに掘ったところ豊富な湯が噴出、持ち主は感謝を込めて弁財天を建立したという。すぐそばに縁結びの神が宿る「なぎの木」、金運が上がると伝わる「銭洗いの池」がある。ここでは欲張って、神様に3つの願い事を聞いてもらおう。

お湯かけ弁財天

賀茂郡東伊豆町奈良本
☎0557-23-1505
(熱川温泉観光協会)
拝観時間／自由
拝 観 料／なし
ご 利 益／金運上昇、恋愛成就、良縁祈願、夫婦円満

（右）「熱湯にも似た熱い願いを1杓の温泉に託して尊像にかけよう」と弁財天そばのお札にも書かれている　（上）熱川温泉は自家源泉100%。源泉の温度は約100℃。地下200mから噴出している

【よりみちグルメ】

新鮮な地鶏のたまごで約15分

源泉たまご作り《げんせんたまごづくり》

弁財天の横でもうもうと湯気を上げる弁天偕楽源泉の湯で、源泉たまご作り体験ができる。新鮮な地鶏の卵1個と卵を入れる赤いネット、殻を入れる皿、塩が付き1セット100円。熱川温泉観光協会と臨泉閣で生卵を販売している。

古民家で味わう郷土料理

山桃茶屋《やまももちゃや》

築250年の日本家屋で伊豆の郷土料理が味わえる和食処。目に鮮やかな小鉢料理に蕎麦、天ぷらなどが付く「山桃定食」（梅2500円～）のほか、素朴な「へらへら餅」（420円）もお薦め。自然薯を小麦粉と卵で練ったゴマ味噌味の餅は、後を引くおいしさだ。

小銭を洗って金運アップ!!

銭洗いの池

まず、設置された網ざるに小銭をのせ、樋の先から流れてくる源泉で清めよう。そうすると、弁財天の霊力で銭が本来持っている「流通に伴い増えていく力」を取り戻し、金運が上がるという。湯温は約80℃あり、洗った後の小銭はとても熱いので、やけどに注意して。

ご利益は恋愛成就、夫婦円満

なぎの木に絵馬を結ぶ

葉脈が少ないなぎの葉は横に裂けにくいため、昔から男女の縁が切れないお守りとして互いに持ったり、嫁ぐ娘に親がお守りとして持たせたりしたそうだ。絵馬に大切な人への想いを書いて結べば、願いが叶うかも!? 絵馬は駅前にある熱川温泉観光協会でGETして。

1.想い人の名前が書かれた絵馬がたくさん結ばれている
2.「絵馬」200円

●源泉たまご作り
住 賀茂郡東伊豆町奈良本
（お湯かけ弁財天前）
☎0557-23-1505（熱川温泉観光協会） 営 9：30～16：30
休 なし　P あり

●山桃茶屋
住 賀茂郡東伊豆町奈良本119
☎0557-23-0115
営 11：30～19：00
休 木曜
P あり

あらゆる願いが叶う!?
伊豆最南端の神社

石室神社《いろうじんじゃ》

伊豆最南端にある石廊崎の灯台入り口駐車場から、さらに南へ約20分歩いた断崖に建つ神社。701年の建立で「石廊権現」とも呼ばれ、海上安全、商売繁盛、学業成就の神として親しまれている。ここには他にも13もの神様が祀られていることから、最近はあらゆる願いが叶う、スーパーご利益スポットとして注目されている。

この地には「伊豆七不思議」の一つ「石廊権現の帆柱」の伝説がある。往路で嵐にあった船が帆柱を石廊権現に奉納すると誓って難を逃れたが、復路でその誓いを忘れてしまい、石廊崎沖で暴風雨に見舞われてしまう。誓いを思い出し帆柱を切り倒すと、波に乗った帆柱は石室神社に打ち上げられ、海も静まったという。その帆柱は現存し、神社の床にはめたガラス窓から覗き見ることができる。

左から「ちりめんハート守」500円、「願望成就守」1000円、「海上安全御守」500円

石室神社

賀茂郡南伊豆町石廊崎
☎0558-62-0141（南伊豆町観光協会）
拝観時間／9:00～16:00
拝 観 料／なし
ご 利 益／海上安全、交通安全、商売繁盛、学業成就、家内安全

断崖絶壁で愛を誓う

石室神社から50mほど先に進んだ伊豆半島最南端の岩場にあるのが熊野神社。身分の違いで引き裂かれた名主の娘お静と漁師の幸吉の2人が強い想いで結ばれたという伝説からこの地に祀られたのが熊野権現で、縁結びの神として知られる。奉納絵馬やお守りは石室神社で購入できる。

「えんむすび御守」
500円

【よりみちグルメ】

丸々1個！お得な「あわび丼」

青木さざえ店《あおきさざえてん》

海産物卸問屋の直営店だからできる、驚きの価格が強み。人気の「あわび丼」1800円は、2時間煮込んだ大きなアワビを1個使用(大きさにより異なる場合あり)。秘伝のたれをまとったアワビの旨味を堪能しよう。

南伊豆の海女も食べた郷土料理

伊豆の味 おか田《おかだ》

魚介とアシタバやキノコなどの山の幸を豪快に味噌で煮込んだ「わだつみ鍋」は、海女が漁で冷えた体を温めるために食べたもの。小鉢、すいとん、ご飯も付く「わだつみ定食」(2人前1950円)が評判。豪華なイセエビ入り3850円もある。

●青木さざえ店
住賀茂郡南伊豆町湊894-53
☎0558-62-0333
営8：30～18：00LO
※土・日曜、祝日は～19：00LO
休なし
Pあり

●伊豆の味 おか田
住賀茂郡南伊豆町湊307-1
☎0558-62-1006
営11：00～15：00、
16：00～20：00 (19：30LO)
休なし
Pあり

恋人たちに人気。天空の開運スポット

百体地蔵尊《ひゃくたいじぞうそん》

神秘的な雰囲気が漂う百体地蔵尊。願いが叶った後のお礼参りで黄色い前掛けを奉納する

標高約４５０ｍの葛城山にある「伊豆の国パノラマパーク」は、絶景のご利益スポットとして多くの人が訪れる。

到着したら、まずはロープウェイで恋人の聖地と呼ばれる「空中公園」へ向かおう。スリル満点の空中散歩の後、山頂でまず目に飛び込んでくるのは富士山の絶景だ。

大パノラマを眺めながら足湯で休憩できるが、先に見所が多い展望広場へ進むのが吉。圧巻の「百体地蔵尊」が待っている。地元では昔から、発端丈山と葛城山をお釈迦様の寝姿に見立て、信仰してきたという。昭和38年のパーク開園時に、山に点在していた「導き地蔵」を山頂に集めたのが百体地蔵尊の始まりで、現在は１０５体。お休み処・みはらし茶屋で買える赤い前掛けや小地蔵に願い事を記し、奉納するのが習わしだ。

百体地蔵尊

伊豆の国市長岡260-1
伊豆の国パノラマパーク空中公園
☎055-948-1525
拝観時間／9:00～16:40
拝 観 料／なし
※ロープウェイ往復／大人1400円、小学生700円
ご 利 益／開運厄除、健康長寿、良縁祈願、進学成就、金運上昇など

（右）富士山展望デッキの無料足湯処。この絶景だけでも一見の価値ありだ　（下）鳴らすと幸せになれるという「幸せの鐘」

ハートの絵馬がぎっしり

葛城神社

空中庭園にある葛城神社は、平安時代から災厄除去の神として親しまれてきた葛城山神を祀っている。おみくじの結び所には恋愛成就を願う「ハートの絵馬」（みはらし茶屋で販売）も奉納されている。

「焼き団子」1本350円

「小地蔵」1体500円、「足腰御守」500円、「ハートの絵馬」400円

【よりみちグルメ】

天空の茶屋で名物「焼き団子」

お休み処・みはらし茶屋では、富士山の溶岩石でじっくり焼いた「焼き団子」が名物。「味噌田楽」（300円）や「富士山カレー」（680円）、「クリームあんみつ」（500円）などもあるので参拝後の休憩に便利だ。地蔵尊に奉納する前掛け（500円）や小地蔵はここで買おう。「足腰守」も人気がある。

話題の韮山反射炉グッズも登場

伊豆の旬彩市場《いずのしゅんさいいちば》

リニューアルオープンした山麓の売店「伊豆の旬彩市場」は地元産柑橘類やイチゴのコーナーが広くなり、伊豆の水産加工品、桜エビの煎餅、緑茶の詰め放題などが大人気。世界遺産登録を機に韮山反射炉グッズも充実し、伊豆の国市長のリクエストで誕生した「反射炉ラムネ」が話題。

「反射炉ラムネ」200円ほか

「モンブラン」480円

「シシリー」480円

癒やしの空間で味わうフランス菓子

PATISSERIE+CAFE Anvers《アンヴェール》

国内の名店やフランスで研鑽を積んだオーナーパティシエは、国内外で製菓指導も行う実力派。フランス産小麦粉をはじめ生クリームやリキュールなどの厳選素材を使って作るフランス菓子はどれも美しく、まるで宝石のよう。イートインもできる。

●伊豆の旬彩市場（伊豆の国パノラマパーク山麓）
住伊豆の国市長岡260-1
☎055-948-1525
営9：00～17：30（冬季は～17：00）
休なし　Pあり

●PATISSERIE+CAFE Anvers
住伊豆の国市田京273-15
☎0558-99-9010
営10：00～18：00
休木曜、第3水曜(9・1月に1週間休みあり)
Pあり

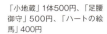

トイレの神様に祈願して下の心配ご無用！

明徳寺《みょうとくじ》

東司（トイレ）の神様「烏枢沙摩明王（うすさまみょうおう）」を祀る、全国でも珍しい寺。この神様は炎の力で不浄のものを清める神力を持つことから、心の中や生活のあらゆる不浄を浄化すると言われている。そのため下半身の病気で悩む人や子宝を授かりたい人、子どものおねしょに悩む親、下の世話にならないように願う人など、さまざまなご利益を求め全国から多くの参拝客が訪れている。

参拝はまず本堂のお釈迦様から。そして「うすさま明王堂」で、男女のご神体をなで（おさすり）、トイレをまたぎながら（おまたぎ）願掛け。恥ずかしがらずにお参りしよう。

明徳寺

伊豆市市山234
☎0558-85-0144
拝観時間／8:00～16:00
拝観料／なし
ご利益／病気平癒、身体健全
家内安全、子授安産
恋愛成就

（上）現在の本堂と庫裡は280年前に再建された
（右）「烏枢沙摩明王」が祀られている「うすさま明王堂」

乙女観音

「絵馬」
400円

「東司御札」400円

「招福」、「縁結び」、「ぼけ封じ」にも

この寺にはほかにもご利益が期待できそうなお参りスポットがいろいろ。庫裡に祀られている「大黒天」に招福を、授与品所の横に建つ「乙女観音」には縁結びを祈願して、最後は「ぼけ封じ観音」へ。足元に寄り添うおじいさん、おばあさんの頭を撫でながら願掛けすると良いそうだ。

ぼけ封じ観音

どの寺にもある絵馬やお札などを販売する授与品所だが、ここにはよそではちょっとお目にかかれない祈祷済みの下着がズラリ。年配の人向けのあったかショーツをはじめ、トランクスやレース付きショーツ、子ども用もあるので家族全員のお土産に。一枚一枚に御朱印が押されている。

お守り代わりに「ご祈祷パンツ」

【よりみちグルメ】

出来たて工場直送ビールを味わおう

ベアードビール ブルワリーガーデン修善寺

人気の地ビール「ベアード・ビール」の工場&ビアバー。定番の「沼津ラガー」など12種類のほか最大8種類の季節限定品が揃うが、お薦めは気になる3種類が選べる「飲み比べセット」（800円）。お土産にしても喜ばれそうだ。

「抹茶セット」700円

和モダンな空間で抹茶を一服

GREEN TERRACE CAFÉ

茶気茶気《ちゃきちゃき》

手作りの日替わり和菓子と抹茶が楽しめるカフェ。静岡産抹茶を使い、伊豆市月ヶ瀬の天然水「月のしずく」で点てる抹茶はやわらかい口当たりと風味が好評。陶芸家・深澤彰文さんが作る美しい白磁の器がおいしさをさらに引き立ててくれる。

●ベアードビール ブルワリーガーデン修善寺
住伊豆市大平1052　☎0558-73-1225　営12:00～19:00（18:30LO）
※土・日曜、祝日は11:00～20:00（19:30LO）　休なし　Pあり

●GREEN TERRACE CAFÉ 茶気茶気
住伊豆市吉奈5-1　☎0558-85-0888　営11:00～15:30（15:00LO）
休日・月・火曜 ※臨時休業あり。HP、facebookで確認を　Pあり

はさみで厄を断ち、邪心をつみ取る

神場山神社《じんばやましんじゃ》

御殿場市観光十二選にも選ばれている。祈祷日（毎月17日と1月1～3日）には数多くの御祈祷依頼がある

鎌倉時代に京都から山を司る神、大山祇命（おおやまつみのみこと）が守護神として奉遷され創建した。今は〝厄切り〟の神社として有名だが、元々は山仕事に従事するきこりたちが斧やはさみを奉納し、災いを断つ神として信仰してきた。いつの頃からか、厄を断ち邪心をつみ取るために、ここではさみを借り、願いが叶うとひと回り大きなはさみを返納する習わしになったという。今は境内でご祈祷したはさみを購入できるので、わざわざ返納しなくてもいいそうだ。厄や悪縁を切ることで良縁を招くので、開運や武運長久の神としても崇拝される。氏子たちの清掃や手入れが行き届いた社は清々しく、例年5月には「縁結びの藤」が美しく咲き、参拝者をもてなしてくれる。

神場山神社

御殿場市神場1138-1
☎0550-82-4622
(御殿場市商工観光課)
拝観時間／9:00～16:00
※正月と17日は8:00～
拝 観 料／なし
ご 利 益／厄切り、病気平癒、五穀豊穣、家内安全

（右）本殿にある天狗面と60kg以上のはさみ。天狗は御神体をお守りする山神社の守護神
（上）五穀豊穣を願った江戸時代の鎌や鍬なども奉納されている

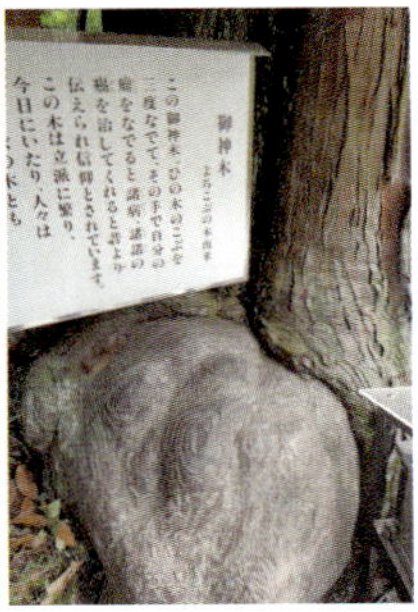

御神木のこぶを撫でて健康に
よろこぶの木

鳥居をくぐり石段を下りていくと大きなこぶのある御神木が。「よろこぶの木」と名付けられたこの木のこぶを、まずは3回なでてみよう。次にその手で体の悪い部分をさすれば、病が快方に向かうと言い伝えられている。

福を招くお土産
厄切りばさみとせんべい

社務所では、通称「はさみ神社」と呼ばれるここならではのお土産が買える。お返しの奉納をしなくてもいいように、はさみをモチーフにしたお守りや実際に使える高級糸切りばさみ、せんべいなどのほか、天狗が描かれた掛け軸などもある。

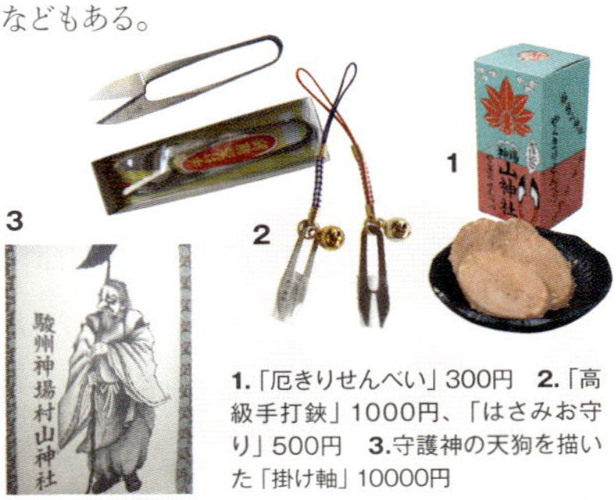

1.「厄きりせんべい」300円 **2.**「高級手打鋏」1000円、「はさみお守り」500円 **3.**守護神の天狗を描いた「掛け軸」10000円

【よりみちグルメ】

この上なく美しい羊羹「四季の富士」
虎屋菓寮《とらやかりょう》 御殿場店

和菓子の老舗、虎屋の伝統と粋に触れるモダンな空間。喫茶では北海道産の小豆を使った餡と美しい寒天が調和した「煎茶あんみつ」（御殿場店限定）を味わいたい。季節で色彩が変わる羊羹「四季の富士」はお土産にも喜ばれそうだ。

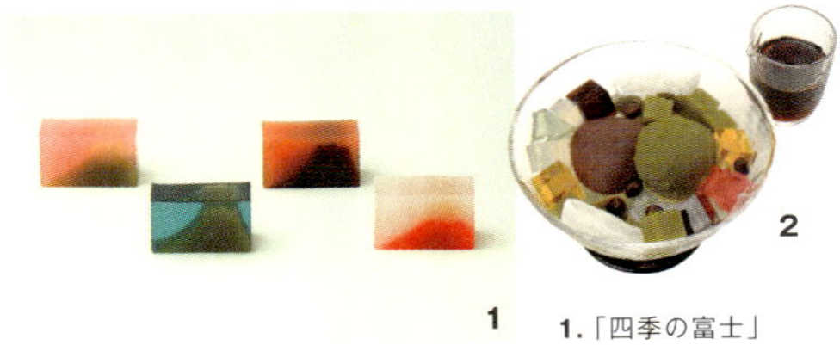

1.「四季の富士」ハーフサイズ1944円 **2.**「煎茶あんみつ」1253円

スライスした「ボロニアソーセージ」（100g220円）など

伝統製法を受け継ぐハム・ソーセージ
二の岡ハム《にのおかハム》

戦前この地に暮らした外国人宣教師から、初代が学んだ伝統製法を守り継ぐ店。一番人気は焼いても生でもおいしいボロニアソーセージ。桜の丸太でじっくり燻した飴色のベーコンやスモーク各種は、奥行きのある味と香りに驚く絶品だ。

●虎屋菓寮 御殿場店
住 御殿場市新橋728-1
☎0550-83-6990
営 11：00～18：30（18：00LO）
休 不定休
P あり

●二の岡ハム
住 御殿場市東田中1729
☎0550-82-0127
営 9：00～18：00
休 火曜
P あり

運を呼び込む小さな旅
開運ご利益めぐり

西国三十三所《さいごくさんじゅうさんしょ》観音霊場《かんのんれいじょう》

33体の観音様を巡礼して極楽往生!?

和歌山の1番札から岐阜の33番札まで、33体の観音菩薩を参拝することで、現世の罪を洗い流し、極楽往生できると言われる西国三十三所観音霊場めぐり。

本来なら約1000kmの長い巡礼の旅となるが、ここ長源寺の裏山に再現された「西国三十三所観音霊場」なら、わずか15分。このミニ巡礼で同じご利益を授かることができるそうだ。巡礼路沿いに観音様が点在しているのでお参りも気軽で、自然の中を歩くだけでも心が癒やされる。最近は口コミで知った海外からの参拝者も多いというのも納得だ。

徒歩数分の所にある「かんなみ仏の里美術館」には、長源寺薬師堂に祀られていた国の重要文化財「阿弥陀仏三尊像」や「薬師寺如来像」が展示されている。時間があったらぜひ立ち寄ってみよう。

西国三十三所観音霊場

田方郡函南町桑原592
☎055-978-5675
拝観時間／9:00~16:00
拝 観 料／なし
ご 利 益／極楽往生、浄化

薬師堂でひと休み

かつて「阿弥陀仏三尊像」や「薬師寺如来像」など24体の仏像が祀られていた薬師堂。自由に入って休憩ができ、座禅用の座布団もあるので挑戦するのもお薦め。月に1回、オカリナやオルガン演奏の無料イベントも行われる。

1.薬師堂　2.入り口にある石仏は若き日のお釈迦様の姿だそうだ

御朱印は薬師堂で

各300円

夕日を浴びた「手石如来」に合掌

伊豆七不思議のひとつに、南伊豆町手石の洞窟に1年に数日だけ浮かび上がると言われる「阿弥陀仏三尊」がある。それを模して造られた「手石如来」が夕日を浴びて輝く姿はことのほか美しい。

【よりみちグルメ】

地元産野菜が美しい一皿に

Vivra Vivre《ビブラビブレ》

6000坪のオープンガーデンレストラン。晴れた日には富士山と駿河湾の絶景が見渡せる。近隣農家から直接仕入れる無農薬・有機野菜をはじめ、銘柄肉など素材の持ち味を巧みに引き出した料理はどれもエレガント。ガーデン席はペットと一緒に。

「季節のパスタランチ」1400円～。前菜、ミニデザート、ドリンクが付く

景色もごちそうのベーカリーカフェ

Marie伊豆《マリーいず》

10種類あるランチメニューのほか、好きなパン2個とドリンクがセットになった「AFTERNOON SET」がお薦め。毎日50種類のパンが並び、特にデニッシュや食パン、フランスパンが好評。

「ランチ」1080円

●Vivra Vivre

住田方郡函南町平井12-1
☎055-979-5656
営11：00～14：30LO
休月・火曜
Pあり

●Marie伊豆

住田方郡函南町畑374-63
☎055-945-0707
営8：00～17：30（17：00LO）
カフェ9：00～17：00LO
ランチ11：00～14：00
休年末年始　Pあり

試験や高所作業で、落ちない！

天狗の落ちない大石《てんぐのおちないおおいし》

天狗の落ちない大石

榛原郡川根本町千頭 寸又峡
☎0547-59-2746
（川根本町まちづくり観光協会）
拝観時間／自由
拝 観 料／なし
ご 利 益／合格祈願、安全、五穀豊穣

「試験に落ちない」、「高い所から落ちない」など、落ちませんようにと願掛けに訪れる人が絶えない「天狗の落ちない大石」。山の斜面にあるのにもかかわらず、何百年も落ちずに絶妙なバランスで立ち続けている巨大な石が人気を集めている。

その昔、この杜を訪れた光岳の天狗が大きな石の上に登って辺りを見渡すと、畑も食べ物もない閑散とした風景があるばかり。天狗は穀物の神を天から呼び、麦、ひえ、きび、豆などの穀物を大石の上に広げ、その量は杜の外の集落にまで広がったという。後にこの地は「外森山」と名付けられ、天狗が登った大石は、落ちそうで落ちない大石と呼ばれ、霊験あらたかな御神体として崇められるようになった。まずは石段を登って高さ7・8mの大石を目指そう。

1

2

3

1.お参りは正面から　**2.**急な石段だが、ゆっくり登っても10分はかからない　**3.**寸又峡バス発着所から「美女づくりの湯露天風呂」に向かう途中にある鳥居が大石への入り口　**4.**入り口には上まで登れない人のための賽銭箱と絵馬掛け所がある

4

参拝後は石段ではなく山道を下るのもお薦め。徒歩約10分

木立の中にある外森神社

大石からさらに石段を登ると外森神社の小さな社殿がある。しんと静まりかえった杜の空気は清々しく、木々の間から見える空が美しい。耳を澄ませばせせらぎも聞こえる。周辺はハイキングコースで4月上旬にはアカヤシオの花が楽しめる。

天狗の 絵馬＆ストラップ

大石の隣に設けられた絵馬掛け所には、志望校合格、教員や医師の試験合格などと書かれた絵馬がいっぱい。絵馬は近くの寸又峡バス発着所近くの土産物店で買える。高所で作業する大工や鳶職の人にも人気。

「天狗絵馬」500円、
「天狗ストラップ」300円

＼絵付けに
チャレンジ！／

だるま×落ちない大石 の最強開運グッズ

だるまは七転び八起きの縁起物。その中に入っているのが落ちない大石の破片となれば、ご利益は間違いなくアップしているはず。千頭駅近くの「奥大井音戯の郷」（入館料大人500円、小・中学生300円　☎0547-58-2021）の体験工房で購入でき、好きな色に絵付けもOK。赤は開運、ピンクは恋愛成就、青は学業成就、黄色は金運など、色によってご利益が変わる。

「落ちない大石だるま」完成品800円。
自分で絵付けする場合700円

橋の真ん中で
恋の成就を祈ろう

夢の吊橋《ゆめのつりばし》

寸又峡温泉最大の観光スポット「夢の吊橋」。世界最大級の旅の口コミサイトの投票で、死ぬまでに渡りたい「世界の徒歩吊橋10選」に選ばれたこともあり、その人気は増すばかりだ。カップルが恋の成就を祈ると叶うと言われ、夢の吊橋という名前もそこに由来しているという。眼下に美しいエメラルドグリーンの湖が広がるスリル満点の吊橋を歩けば、きっと愛も深まるはず。

新緑や紅葉など
四季折々の自然を満喫

温泉街から夢の吊橋、飛龍橋、天子トンネルをめぐる約90分の遊歩道「寸又峡プロムナード」をのんびり歩くのもお薦め。途中には吊橋を見下ろす絶景ポイントもある

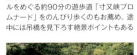

【ちょっと足をのばして…】

恋錠を掛けて、
ベルを鳴らして愛を誓う

奥大井湖上駅《おくおおいこじょうえき》

大井川鐵道井川線の「奥大井湖上駅」はダム湖の上にある無人の駅だが、レインボーブリッジを渡る遊歩道が整備されるなど観光スポットとしても人気。またカップルには誓いの「恋錠」を掛け、「Happy Happy Bell」を鳴らす神聖な地としても知られる。一時下車して愛を誓うもよし、駐車場から歩いてもよし。30分ほどで行ける。

1

2

3

4

1.秘境駅としてテレビで紹介されたこともある「奥大井湖上駅」 2.現地で恋錠の販売はないので持参しよう 3.幸せを呼ぶ鐘とされる「Happy Happy Bell」 4.駅の後ろにある「レイクコテージ」は休憩所として利用できる。2階の展望台からはダム湖が一望できる

護摩木とすべり止めの砂で合格祈願

大井川鐵道の「合格祈願列車」《ごうかくきがんれっしゃ》

毎年1月の受験シーズンに合わせて運行する合格祈願のSL。列車のヘッドマークには桜の花がデザインされ、形も合格をもじった五角形。願いを書いた護摩木を走行中のかまどに運転士が投入して護摩焚きしてくれるのがポイントで、蒸気機関車が急な坂を上る時に撒くすべり止めの砂がお守りとして付く。金谷の「すべらず地蔵」(P64)と「落ちない大石」も合わせてお参りすれば、合格間違いなし!?

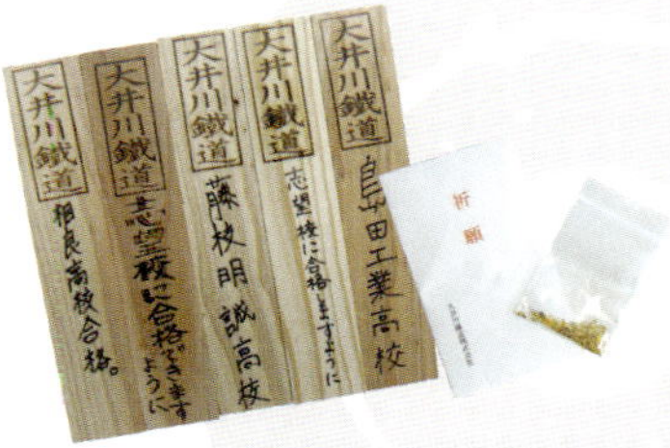

護摩木とすべり止めの砂はセットで350円。新金谷駅、千頭駅で販売している

大井川鐵道の「合格祈願列車」

島田市金谷東2-1112-2(新金谷駅)
☎0547-45-4112(大井川鐵道)
運行日、時間は問い合わせを
ご利益/合格祈願

「渓流そば」1300円

「山菜そば」865円

ヤマメのから揚げ入りの「渓流そば」

紅竹食堂《くれたけしょくどう》

名物は30余年の人気メニュー、ヤマメのから揚げが丸ごとのる「渓流そば」。シメジと川エビ、青ジソの穂などの天ぷらにイナゴの佃煮まで入った豪華版で、ボリュームも満点。甘めのつゆの素朴な味わいのそばだ。夏は「冷渓流そば」（1300円）が好評で地元の山菜たっぷりの「山菜そば」や「山女魚の塩焼き定食」（1650円）もお薦め。

川根茶ときびぜんざいでひと休み

古民家お茶カフェ 山口屋《やまぐちや》

築150年の元旅館の居間を開放した古民家カフェ。きゃらぶきなどの箸休めが付いた「おそば」のほか、「きびぜんざい」や「五平餅」などが味わえる。川根茶がたっぷり飲めるのも魅力だ。ゴロンと寝転がって休める畳の部屋には囲炉裏やちゃぶ台もあり、居心地の良さについつい長居してしまいそうだ。

「おそば」600円

「きびぜんざい」600円

●**夢の吊橋**
住榛原郡川根本町千頭 寸又峡
☎0547-59-2746（川根本町まちづくり観光協会）

●**奥大井湖上駅**
住榛原郡川根本町梅地
☎0547-59-2746（川根本町まちづくり観光協会）

●**紅竹食堂**
住榛原郡川根本町千頭352　☎0547-59-2985
営10：30～18：00　休木曜※8月、11月は無休　Pあり

●**古民家お茶カフェ 山口屋**
住榛原郡川根本町千頭340-3　☎0547-59-2301
営10：00～17：00　休不定休　Pあり

梅蔭禅寺《ばいいんぜんじ》

次郎長パワーで勝負運を呼び込む

現在の像は戦後に造られた2代目。後ろの石垣は駿府城、池は駿河湾を表し、眼差しは富士山の方角を見据えている

街道一の侠客としてその名を轟かせ、後半生は清水港開港、富士裾野の開墾事業など社会貢献に尽力した清水次郎長（本名・山本長五郎）。当時の住職と次郎長が懇意にしていたこともあって、梅蔭禅寺に次郎長一家の墓が建てられたという。幾多の抗争をくぐりぬけた生命力に加え、博打では負け知らず。米相場で大儲けしたこともある次郎長は勝負運・金運が強いとされ、その墓前はパワースポットとして知られる。風水に詳しい人が「この墓の前が明るく、いい気が流れている」と言ったという逸話も。売店でお守りなどを購入した後、お墓に戻って願掛けする人も多い。ここ一番の勝負に勝ちたい人はぜひ訪ねてみて。

次郎長の妻てふ（蝶）の墓。1～3代まで3人のお蝶さんが眠る

1

2

1.3人のお蝶さんを弁財天として祀ったお堂。祠の下には神の使いとされる大蛇が眠り、さらにご利益がありそう **2.**遺品を展示する資料館

梅蔭禅寺

静岡市清水区南岡町3-8
☎054-352-0995
拝観時間／9:00～16:00
拝 観 料／大人300円、子ども150円
ご 利 益／勝負運、金運

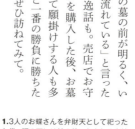

1.「侠客次郎長の墓」の文字は、明治政府で郵政大臣を勤めた榎本武揚の筆　2.側近の石松、大政、小政、仙右エ門の墓が並ぶ。墓石が削られて丸みを帯びているのがわかる

願掛けはマナーを守って!

かつて勝負師たちの間で「次郎長の墓石のかけらを持っているとご利益がある」との噂が広がり、墓石が削られる被害が度々あったため他の檀家さんと同じ墓所にあった次郎長一家の墓を現在地に移動。参拝客のために賽銭箱、焼香台が設置されている。

南アルプスからのパワーの通り道
「龍の道」

梅蔭禅寺から次郎長生家に向かう、通称・矢通りは、南アルプスに端を発するパワーの流れ「龍脈」が通っていると言われる。次郎長はこの龍脈のパワーを受けて強運だったという説もある。参拝したら、良い気の流れを感じながら次郎長生家まで歩いてみよう。

清水港から伊豆大島に渡った弓の名手・源為朝が放った矢が通ったという伝説から「矢通り」に

「勝運守り」&
「お金がたまる小判」

「お金がたまる小判」450円

「勝運守り」550円

勝運守りと小判のお守りは一緒に持ち歩き、小判は財布に入れておこう。「宝くじで100万円に当選した」、「パチンコで大儲けした」、「万馬券が当たった」といった喜びの声が掲示され、ギャンブルの全国誌で紹介されたことも。「次は自分も…!」と、お参りにも力が入る。

運を呼び込む小さな旅
開運ご利益めぐり

【ちょっと足をのばして…】

昭和40年頃まで次郎長の兄の子孫が住んでいたという

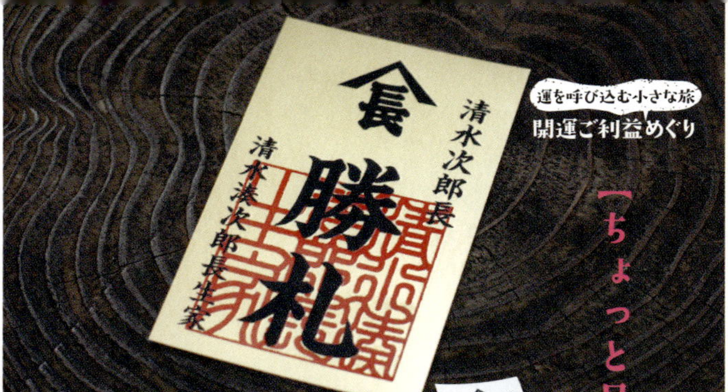

勝負事に特化した「金の勝札」（上）300円と「勝札」、「道中安全札」各100円

ご利益抜群のお札を買いに
次郎長生家《じろちょうせいか》

梅蔭禅寺から徒歩約5分。産湯に使った井戸や居間、中庭などが当時のまま残る。ここを訪れる人の目当ては、次郎長の勝負運にあやかった「勝札」。1枚100円という手頃な値段もあって、お土産にたくさん購入する人も。宝くじ当選、大学合格などの報告もあるという。次郎長が旅からいつも無事に戻ってきたことから、「道中安全札」も人気がある。

次郎長生家

静岡市清水区美濃輪町4-16
☎054-353-5000
営業時間／10:00～16:00
※土·日曜、祝日は～17:00
定 休 日／火曜（祝日営業、翌日休み）
入 場 料／なし
ご 利 益／勝負運·くじ運向上
受験合格、交通安全

天女の羽衣伝説ゆかりの社
御穂神社《みほじんじゃ》

1.子どもの守り神でどんな願い事も叶う「叶え馬」。安永の火災の時に静岡浅間神社から逃げてきたと言い伝えられる
2.海の向こうの常世（とこよ）から御穂神社へ、神々が渡ったとされる「神の道」

大国主命（おおくにぬしのみこと）が、妻の三穂津姫命（みほつひめのみこと）と三保へ新婚旅行に来て、ここに鎮座したと伝えられる。古くから生活や産業を守る神として崇められている。参拝後は、樹齢200～300年の松並木が一直線に続く「神の道」を歩いて、天女の羽衣伝説が残る、世界遺産構成資産の「三保松原」へ行ってみよう。美しい富士山を眺めれば、さらにご利益アップが期待できそう。

「絵馬」1000円と、天女が描かれた一番人気の「三保の松原のお守り」1000円

御穂神社

静岡市清水区三保1073
☎054-334-0828
拝観時間／自由 ※社務所は9:00～16:00
拝 観 料／なし
ご 利 益／延命長寿、除災招福、
家庭円満、縁結び、交通安全

【よりみちグルメ】

創業から変わらぬ“最中の大親分”
風土菓 庵原屋《いはらや》

粒餡の中に求肥が入った「次郎長最中」は、大正13年の創業から90年に渡って愛される看板商品。小豆は一貫して北海道十勝産の特級を使い、伝統的な味と製法を守りつつ、時代に合った新商品を次々に発表。丸くてかわいらしい「たま最中」、静岡茶を使った「静岡本生茶ゼリー」も人気。

1. 品のよい甘さの「次郎長最中」162円
2.「静岡本生茶ゼリー」388円（夏期限定）

魚好き大満足の新鮮市場めし
河岸の市まぐろ館《かしのいちまぐろかん》

清水港に水揚げされたマグロや駿河湾の地魚を味わえる店が10軒も並ぶ、魚好きにうれしい施設。鮨、丼、定食など、店ごとに特徴もいろいろ。お腹いっぱい食べた後は、隣接する「いちば館」へ。お土産に喜ばれそうな魚介類や海産物がお得な市場価格で揃う。

1.「選べる5色丼」1200円（地魚専門店 丼兵衛/10：00～22：00※水曜は～16：00、無休）
2.「まぐろいっぱい丼」1020円（魚市場食堂/10：30～16：00、水曜休）

●風土菓 庵原屋
住 静岡市清水区銀座14-14　☎054-366-1022
営 10：00～18：00　休 水曜　P 契約あり

●河岸の市まぐろ館
住 静岡市清水区島崎町149　☎054-355-3575
営 10：00～22：00（店によって異なる）
休 水曜（一部営業あり）　P あり

7つの社が集まった最強ご利益スポット

静岡《しずおか》浅間神社《せんげんじんじゃ》

地元では「おせんげんさん」の名で親しまれている静岡浅間神社。実はこれは通称で、境内に集まる格の高い三社の名を並べた「神部（かんべ）神社・浅間（あさま）神社・大歳御祖（おおとしみおや）神社」が正しい名称。境内にはほかに、麓山（はやま）神社・八千戈（やちほこ）神社・少彦名（すくなひこな）神社・玉鉾（たまぼこ）神社の四社が鎮座する。そのため縁結びに始まり、子授け、スポーツ・武道の上達、武道必勝、学問成就など、ご利益も多彩。ぜひ七社すべてをお参りしよう。「東海の日光」と讃えられる美しく厳かな社殿もゆっくり鑑賞したい。

静岡浅間神社

静岡市葵区宮ケ崎町102-1
☎054-245-1820
拝観時間／自由
拝 観 料／なし
ご 利 益／除災招福、延命長寿、商売繁盛、安産、縁結び ほか

（上）神部神社・浅間神社の大拝殿は国指定重要文化財。高さ25m、3層2階建てで全国でも珍しい
（下）楼門の彫刻「水呑の龍」には、安永の火災で池に下り、水を呑んで御殿にかけたという伝説が残る

富士山と社殿が豪華な「御朱印帳」

「御朱印帳」1300円（御朱印料300円込み）

近年、御朱印集めが人気だが、ここには富士山と社殿をデザインした美しい御朱印帳が用意されている。「境内七社巡りご朱印札」をもらい七社のスタンプを集めるのもお薦めだ。山の上にある麓山神社は、石段下にもスタンプが置かれている。

「境内七社巡りご朱印札」（無料）

家康公の戦勝にあやかる「勝ふくべ」

あらゆるご利益が期待できるだけに、開運グッズも種類豊富。華やかなお守りや根付もあるが、ここならではの注目は、シュロの葉の社紋が入ったお守りや、本殿の神獣の彫刻をモチーフにしたお守りなど。家康公を戦勝に導いたひょうたんにちなむ「開運　勝ふくべ」も珍しい。願いを書いた紙を入れて成就を祈ろう。

「開運 勝ふくべ」
700円

1

2

1.「身代り守」1000円
2.「開運」（神獣のお守り）700円
3.「招福御守」各800円

3

願いを叶える 叶馬

左甚五郎の作と言われる白馬の彫刻。安永の火災で、2頭のうち1頭は三保の御穂神社に逃げ、1頭が戻ってきたと伝えられる。この馬に祈れば何でも願いが叶うとされる

【ちょっと足をのばして…】

受験生の強い味方、学問の神様
静岡天満宮《しずおかてんまんぐう》

合格祈願で受験生が参拝に列をなす、学問の神・菅原道真公を祀る。本殿前には志望校合格を願う無数の絵馬が。祈祷を頼むか、「受験生の三種の神器（絵馬、お守り、ご幣）」を買い求めると、受験日の朝に食べると力が湧くと言われる「福梅」がいただける。元日深夜0時から参拝先着100人に無料で配られる、神職の狩衣から作った干支のお守り（非売）も人気。

「お札」や「ご幣」、「なで牛（願かけ牛）守」など各800円

福梅

静岡天満宮
静岡市葵区呉服町1-1
☎054-251-3759
拝観時間／自由
拝 観 料／なし
ご 利 益／試験合格（入学、就職）、学業成就、厄除け

トイレの神様と根切り地蔵
洞慶院《とうけいいん》

下の世話にならないよう願う「トイレの神様」（烏瑟沙摩明王（うすさまみょうおう）や、悪病の根を切る「根切り地蔵尊」で知られる。毎年7月19、20日の開山忌に頒布するマダケで作られた「おかんじゃけ」は、魔よけ・招福の縁起物として有名。お札も数多くあるが珍しいのは「ねきり地蔵尊の御影」。5枚の地蔵尊入りで、災いが起きた時に身代わりとして1枚を川に流し、守ってもらうというものだ。

洞慶院
静岡市葵区羽鳥7-21-9
☎054-278-9724
拝観時間／自由
拝 観 料／なし
ご 利 益／身体健全、心願成就、当病平癒、良縁成就

「おかんじゃけ」2000～3500円
※夏期限定

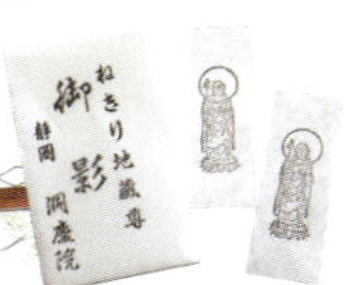

「ねきり地蔵尊の御影」100円

下の世話にならないよう、またいで祈願する「おまたぎ」

【よりみちグルメ】

静岡茶とお茶スイーツ

茶町KINZABURO《ちゃまちきんざぶろう》

季節限定品も含め、味は10種類。「茶っふる」113円～

TVチャンピオンお茶通王で2002年に優勝した前田冨佐男さんの店。茶匠の店主がブレンドした香り高い静岡茶のほかスイーツも人気で、県内各地で採れた抹茶やほうじ茶をクリームに加えた手作りワッフル「茶っふる」や「抹茶パフェ」などが味わえる。2階は無料の喫茶スペースで、購入したスイーツが11種類のオリジナルティー(無料)と一緒に楽しめる。

「味噌せんべい 葵大丸」1枚71円、「瓦せんべい」3枚78円

葵の御紋のおせんべい

葵煎餅本家《あおいせんべいほんけ》

静岡浅間神社の門前通りにある創業明治2年の老舗。一枚一枚丹精込めた製造で伝統の味を守り続ける。お薦めは特製の型で焼く味噌風味がきいた葵の御紋入りの「味噌せんべい 葵大丸」。ほかにも家康の顔を描いた「瓦せんべい」、落花生入りの「駿府太鼓」など12種類ほどが揃う。年末年始は干支柄の「瓦せんべい」も限定販売する。

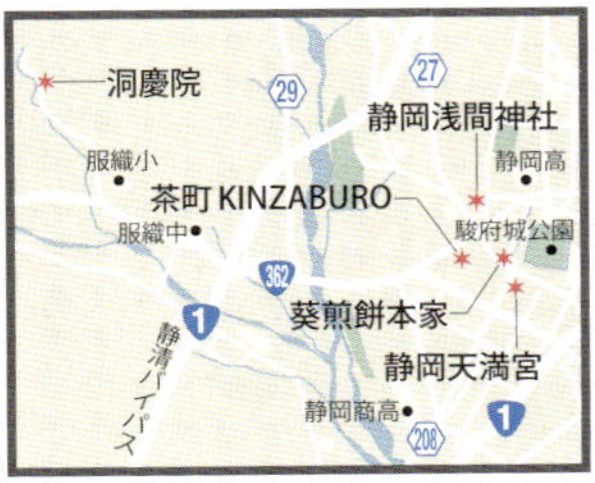

●茶町KINZABURO
住静岡市葵区土太夫町27(茶町通り)　☎054-252-2476
営9：30～18：00 ※日曜、祝日は10：00～17：00　休水曜　Pあり

●葵煎餅本家
住静岡市葵区馬場町20(浅間通り)　☎054-252-6260
営9：00～19：00 ※水曜は～17：30
休なし　Pあり

三光寺《さんこうじ》

「足」を祀った日本で唯一の足地蔵

夢窓国師の開山とされる満家山三光寺は、全国で唯一、「足地蔵」を祀る古刹。足の病気にご利益があると言われる。その昔、家山川で村人が片方の足を拾い、その足を先々代の住職が弔い霊を慰めたのが足地蔵の始まりで、足だけを祀った地蔵は全国的にも珍しいそう。足の病気平癒を祈願する人やスポーツ選手なども訪れるという。

2000坪以上ある境内には、200本を超える杉が茂り、本尊の阿弥陀如来、虚空蔵、水子地蔵など数多くの仏像などが祀られている。本堂の裏山には西国三十三番霊場を模した遊歩道があるので、三十三観音をお参りしながら散策を楽しむのもいい。実際の西国三十三所巡礼は難しいが、ここなら気軽にチャレンジできそうだ。

(上) 足地蔵まで案内板がある
(右) 杉林を抜けた先が本堂

三光寺

島田市川根町家山823
☎0547-53-2717
拝観時間／9:00～17:00頃
拝 観 料／なし
ご 利 益／健脚、足の病気、水虫

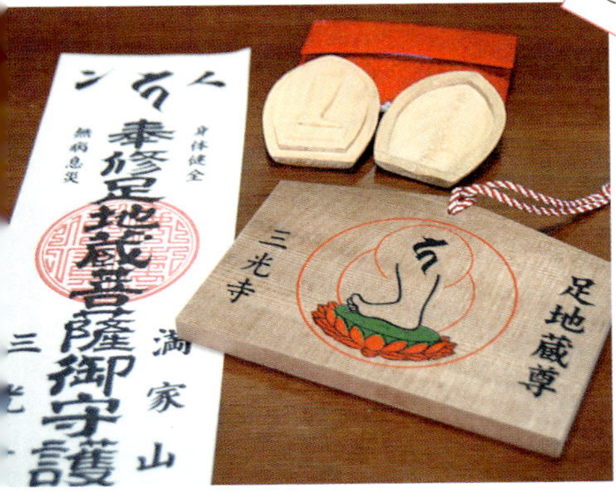

「絵馬」300円、
「健脚守り」3000円、
「ご祈祷札」500円

腰から下の悩みを解決!

足地蔵の絵馬&お守り

足地蔵の近くにはたくさんの絵馬が結ばれている。お参り前に本堂で購入しよう。ツゲの木に足地蔵を手彫りした「健脚守り」は、バッグや財布に入れて身に着けておくのがいいらしい。

西国三十三番堂遊歩道でミニ巡礼を

川根の街並みを一望

三十三観音に出合うミニ巡礼

三十三観音をめぐるコースは誰でも自由に散策できる。足地蔵から足を延ばすこともでき、1周約900m。上りは少し大変だが途中に休憩所もあり、なによりその先には絶景が待っている。

十六羅漢像

仁王像

お地蔵様に癒やされる

樹齢400年の杉が歴史を感じさせる山門付近には、平成に入ってから作られた仁王像、十六羅漢のほか、見るものを和ませる地蔵菩薩などが点在している。遊歩道の途中に佇む六地蔵も必見だ。

六道地蔵菩薩

【ちょっと足をのばして…】

石畳の途中にある六角堂。わらべ地蔵が祀られている

ゼッタイに
すべらないぞ！

すべらない石畳を歩いて合格祈願

すべらず地蔵尊

平成3年に旧東海道金谷坂の石畳を敷き直した後に「すべらない石」にあやかって建立された地蔵尊。石は太古の昔、大井川の扇状地だった牧之原台地に埋土する「山石」。往時は旅人の足元を守った石畳だが、このお地蔵様ができてからは、すべらず転ばず着実に進めるようにと、試験合格などでお参りする人を見守っている。

すべらず地蔵尊

島田市金谷坂町石畳
☎0547-46-2844（島田市観光協会）
拝観時間／自由※夕方～夜間は不適
拝 観 料／なし
ご 利 益／試験合格、健康長寿、家内安全

「合格祈願絵馬」（500円）は石畳茶屋と金谷駅前観光案内所で買える。お守りや鉛筆などもある

何でも叶えてくれる「おひぎりさん」

日限地蔵尊《ひぎりじぞうそん》

明治14年に金谷大代川支流の童子沢（わっぱざわ）の自然石に、日正上人が日限地蔵菩薩を刻んで、本尊として祀ったのが始まり。地元では「おひぎりさん」と呼ばれている。「何月何日までにお願いします」と日を限って祈願すれば成就するとされ、試験や旅行、安産祈願などで訪れる人が多い。毎月1日、26日と第1～3日曜日が祈祷日で、8月26日には年に一度の大祭が行われる。

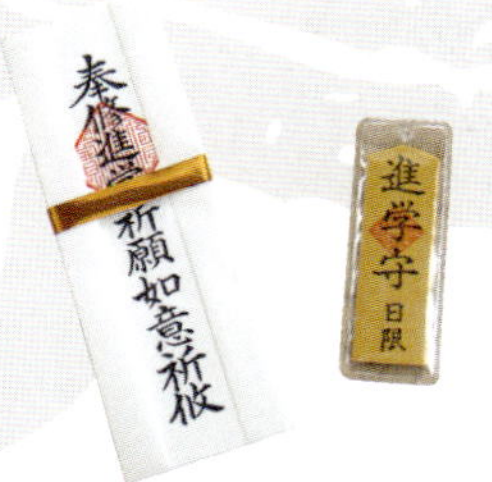

進学守のお札（1000円）は郵送OK。遠方に住む孫に送る人も多い

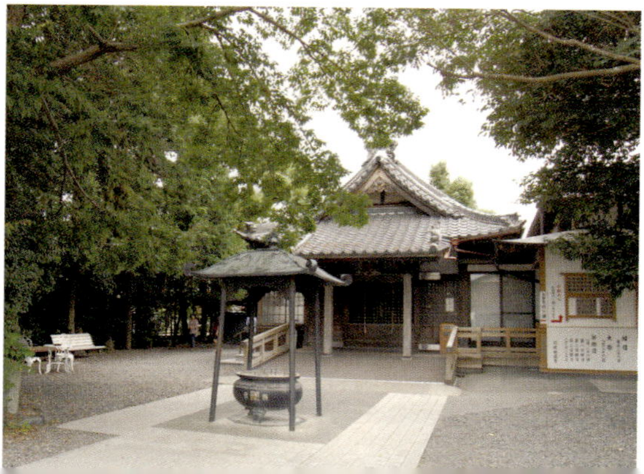

日限地蔵尊

島田市島651
☎0547-45-3572
拝観時間／9:00～16:00
※社務所は8:00～17:00
拝 観 料／なし
ご 利 益／心願成就

【よりみちグルメ】

パリッと焼きたて抹茶風味
たいやきや

鮮やかな緑色の「抹茶たいやき」が評判の食事処。たっぷり入った餡は、つぶ餡とこし餡が7対3。滑らかさと豆の食感を両立させた黄金比だという。生地には炒った川根煎茶を練り込んであるので、お茶の風味が引き立ち、自家製餡との相性も抜群。ボリュームたっぷりの「やきそば」や、じっくり煮込んだ「しずおかおでん」（1本100円）も人気だ。

1.「抹茶たい焼き」150円
2.「やきそば」500円

「いちごのタルト」（季節限定）640円、島田産「紅ふうき紅茶」380円

フルーツタルトでひと休み
meguri石畳茶屋《めぐりいしだたみちゃや》

金谷坂入り口にあるカフェレストラン。契約農家から仕入れる島田市産のお米や川根茶、地元産フルーツなど、できる限り地元の食材を使用。旬の食材を集めたランチセット（11：00～14：00）も好評だ。旧街道散策の無料休憩所としても利用でき「すべらず地蔵尊」の「合格祈願絵馬」も買える。

●たいやきや
住 島田市川根町家山668-3　☎0547-53-2275
営 10：00～15：30　休 木曜、第3日曜、水曜不定休（祝日営業）　P あり

●meguri石畳茶屋
住 島田市金谷坂町2482-1　☎0547-45-5715
営 9：00～17：00 ※10～3月は～16：00
休 月曜（祝日営業、翌日休み）　P あり

屋根の下に並ぶ葵の御紋の中に「逆さ葵」が隠れている！

家康公ゆかりのパワースポット

久能山《くのうざん》東照宮《とうしょうぐう》

徳川家康公を祀る、日光東照宮の原型として知られる社。海に向かって開かれたこの地は、古くから聖地とされ、家康公の遺言により、薨去した１６１６年に創建された。

久能山下の鳥居から、家康公をお祀りする社殿までは、階段を上ること１１５９段。途中、一ノ門で振り返れば眼下に駿河湾が広がり、聖地にふさわしい景色が望める。日本平の駐車場からロープウェイ（往復１０００円）で参拝する人も多いが、この景色を眺めないのはもったいない。

色鮮やかな彫刻が目を楽しませてくれる国宝の社殿や、時計やめがねなど家康公の遺品が残る博物館など2万１０００坪にも及ぶ境内は清々しい静けさに満ちている。

久能山東照宮

静岡市駿河区根古屋390
☎054-237-2438
拝観時間／9:00〜17:00
※10〜3月は16:00まで
拝 観 料／大人500円、小・中学生200円
（博物館は別途）
ご 利 益／出世、開運厄除、学芸向上など

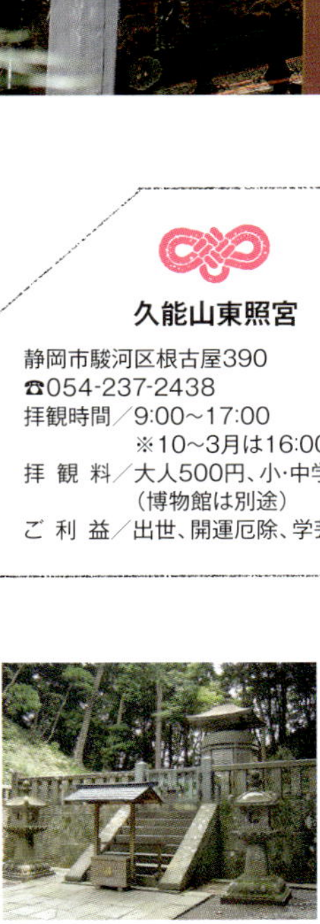

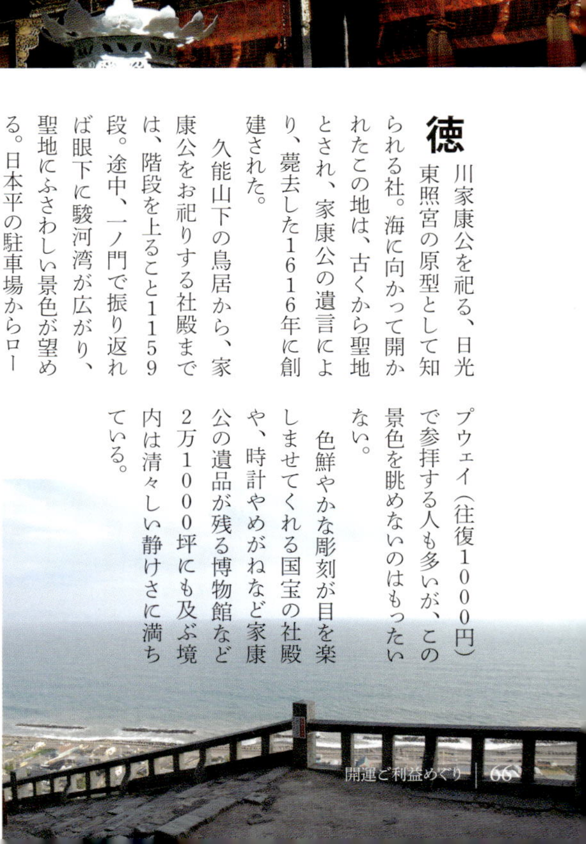

（右）石段からの駿河湾の眺め。段差は少なく意外に歩きやすい（左）自然に囲まれた家康公の神廟

珍しい「印籠守」など

「御鎮座四百年記念御守」1000円、「必勝守」（サッカー、野球）700円、「印籠守」700円

売店で買える「徳川家康頑駄無 漆黒の鎧クリア版」1500円

必見の 家康公モデル のガンダム

静岡市のプラモデル出荷額は日本一。その模型作りのルーツは、駿府城や東照宮建立のために全国から集められた優秀な木材加工の職人たちだ。匠の技に敬意を表し、初代ガンダムと家康モデルの「BB戦士徳川家康頑駄無(ガンダム)」が奉納されている。

眼球には当時まだ貴重だったギヤマン（ガラス）を使用

彫刻に注目！

古代中国の政治家・司馬温公の物語を題材とした彫刻

家康のあとを追った愛馬

社殿手前の厩舎に名工・左甚五郎の手による白馬が祀られている。家康公の死後、この白馬は毎晩厩舎を抜け出し神廟の脇で眠っていたそうで、ある朝そのまま亡くなっていた。馬は神廟の奥に埋葬されている。縁結び、子授け、安産、無病息災にご利益があるとされる。

富士山と三保松原のクッキー

bougiee

ブジー

この場所ならではのオリジナリティあふれるアイシングクッキーが評判。中でもお薦めはお土産にぴったりの富士山と三保の松原をかたどった3枚セット。生ケーキや焼き菓子も豊富に揃う。

「MIHO MATSUBARA COOKIES」540円。確実に手に入れたい場合は予約を

【よりみちグルメ】

イチゴが香る手作りジェラート

スウィートメッセージ やまろく

イチゴ狩り農園直営の店。旬に摘んだイチゴと牧場直送の低温殺菌牛乳で作るジェラート（シングル360円～）はやさしい味でファンが多い。独自の製法で作る「石垣苺のコンフィチュール」も好評。

「石垣苺のコンフィチュールジェラート」シングル360円～、「石垣苺のコンフィチュール」100g1187円～

●スウィートメッセージ やまろく
住 静岡市清水区増140-2
☎054-336-3615
営 10：00～18：00
休 火曜（祝日営業）
P あり

●bougiee
住 静岡市清水区三保1710-2
☎054-334-5705
営 9：30～19：30
休 木曜、第3水曜
P あり

智満寺《ちまんじ》

霊山に満ちる十本杉のパワーに清められる

智満寺

島田市千葉254
☎0547-35-6819
拝観時間　9:00〜16:30
拝観料／なし
ご利益／開運、出世、大願成就、厄除け

鑑真の孫弟子にあたる高僧、廣智菩薩によって奈良時代に創建された智満寺は、今川氏、徳川氏など戦国武将も帰依した古刹。徳川家康公によって再建された茅葺屋根の本堂が周囲の自然と調和し、本尊である秘仏「千手観音菩薩」の慈愛に満ちた穏やかな気が、辺りを包みこんでいるように感じられる。

そしてこの寺を参拝する人の多くが訪れる場所がもうひとつ。本堂から20分ほど山道を登った千葉山の頂上だ。古くから木や石などの自然物には神が宿るとされるが、しんと静まり返った杉林は、霊山特有の清らかなパワーに満ちあふれ、心身がすうっと浄化されていくよう。奥の院周辺には樹齢800〜1000年の「十本杉」（倒木などで現存は7本）が点在し、幹の周囲は8〜10mにも及ぶ。その圧倒的な存在感にきっと心打たれるはずだ。

「霊水の滝」は身を清める修行場の名残

本堂は国の重要文化財

常胤（つねたね）杉

頼朝杉の木片入り「千手観音御守」(1000円)。千手観音を表す梵字(キリク)と頼朝杉の生命力を秘めたお守りだそう

頼朝杉が弥勒菩薩像に

3年前に自然倒木した頼朝杉から弥勒菩薩像が作られ、2015年7月から公開されている。杉は加工が難しいとされるが、樹齢800年の頼朝杉は木目が詰まり、繊細な細工が可能だったという。頼朝杉のパワーを引き継ぎ、ご利益を授けてくれそうだ。

パワーあふれる 十本杉

雷杉。十本杉は形や植えた人にちなんだ名が付いている

「魔除け御札」300円

元三大師の「魔除け御札」

元三大師(がんざんだいし)は比叡山延暦寺の高僧。法力が強く、大病を患った時も疫病神を自らの霊力で追い払ったと伝えられる。病魔と闘う姿を弟子が書き写した「魔除け御札」が人気。

【よりみちグルメ】

1

2

1.「味噌まんじゅう」70円、「小饅頭」35円
2.「唐変木」100円

明治時代から人気の味噌まんじゅう

龍月堂《りゅうげつどう》

明治39年の創業時に考案された「味噌まんじゅう」は、味噌風味の皮と白餡の甘さがマッチしたロングセラー。ほかにもかりんとう饅頭「唐変木」、ひと口サイズの「お〜い島田のチーズケーキ」など、豊富なオリジナル菓子が好評だ。

魚屋直営、鮮度が自慢

寿司割烹 魚中《うおなか》

創業47年の魚屋が営む鮨店。生け簀には出番を待つ魚が揃い、鮮度の良さとネタの多さはさすが。お薦めは赤字覚悟という特選ネタを味わえる「おきまり握り特上」だ。平日限定のリーズナブルなランチもある。

2

1

1.「おきまり握り特上」(椀・デザート付き)2800円
2.「玉子焼き」2貫230円

●龍月堂

住島田市本通6-7847
☎0547-37-3297
営8:00〜19:30
休火曜(祝日営業、代休あり)
Pあり

●寿司割烹 魚中

住島田市中央町24-19
☎0547-37-6262
営11:30〜13:30LO、17:00〜21:00LO
休月曜、第3火曜
Pあり

火防の神を祀る秋葉街道随一の霊山

秋葉山本宮 秋葉神社・上社

あきはさんほんぐう
あきはじんじゃ・かみしゃ

秋葉山本宮秋葉神社・上社

浜松市天竜区春野町領家841
☎053-985-0111
拝観時間／自由
拝 観 料／なし
ご 利 益／火災消除、家内安全、
厄除開運、商売繁盛、工業発展

赤石山脈の最南端、天竜川上流に位置する秋葉山の山頂に建つ秋葉山本宮には、海抜866mの上社と山麓の下社があり、上社はまさに天空の社殿。遠くは太平洋を望み、眼下の街を見守っている。

神殿が建立されたのは和銅2（709）年。元明天皇によって開かれたと伝えられ、御祭神の火之迦具土大神（ひのかぐつちのおおかみ）は火を司る神。古来火事が起こると秋葉大権現が天狗となって現れ、羽うちわを振るい火を消したと信じられ、火防開運の神として親しまれている。12月15・16日に開かれる「秋葉の火まつり」では、弓・剣・火の三舞による神事が幻想的に繰り広げられる。

「開運厄除天狗さまみくじ」500円

人々に幸福をと奉納された「幸福の鳥居」

「天狗の皿投げ」は、おみくじ付きの皿に願いを書き、投居所から投げて的に入ればご利益あり。天狗は皿を投げて願力を競ったという

1.「黄金みくじ」200円
2.「扇子おみくじ」（300円）は赤と黄色の2種類

上社の黄金の鳥居にあやかった「黄金みくじ」

輝くチャームのストラップ付きの「黄金みくじ」は目標達成の「富士鷹茄子」、出世運の「昇り龍」、健康運上昇の「凧あがり」（写真）など、縁起ものをモチーフにした8種類。携帯や財布などに付けてお守りに。

「もみじ田楽」!?

山頂に着いたら、上社でしか手に入らないお土産やグルメをチェックしよう。「黄金らすく」は三ヶ日みかん味のラスク。みかんの風味がさわやかに香り、サクサクした食感だ。秋葉神社のシンボル「七葉もみじ」の形をしたこんにゃく「もみじ田楽」はおやつにお薦め。

「もみじ田楽」（2本324円）は春野産山椒がアクセント

「黄金らすく」（10枚入1箱702円）はお土産にぴったり

春野町の名産・肉厚なシイタケがのる「大しいたけそば（温）」756円

山伏料理に舌鼓

秋葉詣でが盛んだった時代、周辺には多くの山伏が住み、参拝者をもてなしたという。そんな山伏料理を「秋葉茶屋」が再現。シイタケや薬として用いられていた山椒を使った、滋養強壮に効く料理が登場する。そばやうどん、軽食や甘味も充実している。

気田川の清流と老杉から パワーチャージ

秋葉山本宮 秋葉神社・下社

あきはさんほんぐう あきはじんじゃ・しもしゃ

日本一の清流と称される気田川が流れ、老杉が茂る山麓に建つ下社。素木を使った切妻造の社殿は、上社の遥拝所だ。標高の高い上社まで行かなくても同じご利益にあやかれると地元の人にも親しまれている。「全国に御分社や当神社にちなんだ地名も多く、秋葉原もそのひとつ」と河村基夫宮司。火事を懸念した明治天皇の勅命で鎮座した東京の秋葉神社は、本来別名だったが、「火防の神といえば秋葉神社」と、同名になったという。春野町の秋葉神社の知名度がいかに高かったかが伺えるエピソードだ。

秋葉山本宮秋葉神社・下社

浜松市天竜区春野町領家328-1
☎053-985-0005
拝観時間／自由
拝 観 料／なし
ご 利 益／火災消除、家内安全、厄除開運、商売繁盛、工業発展

火の用心!

「火」を敬い共存を

天狗が睨みをきかす「火防開運絵馬」(500円)は、上社・下社共通。昔から鍛冶屋の願掛けが多いそう

【ちょっと足をのばして…】

大光寺は718年に開山。山犬像の足元に小石が積まれているのは安産の願かけにこの石を借り、叶うと倍返しする風習があるため

樹齢1300年以上の御神木

大光寺の春埜杉《だいこうじのはるのすぎ》

標高883mの春埜山山頂近くにある大光寺。本堂へ向かう石段脇に立つのが、樹齢1300年以上と推定される御神木・春埜杉だ。行基上人のお手植えとされ、県の天然記念物でもある。高さ約44m、太さ約12mと、歴史を感じさせる老木は貫禄十分だ。大光寺は山犬（オオカミ）信仰の寺として名高く、通称「お犬様」として親しまれている。精悍な顔をした狛犬ならぬオオカミが出迎えてくれる。

大光寺

浜松市天竜区春野町花島22-1
☎053-986-0941
拝観時間／10:00〜13:00
拝 観 料／なし
ご 利 益／健康、開運、商売繁盛

神秘的な空気が漂う池。近くには新宮神社がひっそりと佇む

大蛇伝説が残る神秘の池

新宮池《しんぐういけ》

標高500mの和泉平山頂付近にある池。この地に残る「竜蛇伝説」によると、池には昔、乱暴な大蛇がいて、山畑を荒らしたり、花や若い公家に化けて娘に危害を加えようとしたりと暴れ放題。そこで退治のために池に大木を投げ入れ、古い鉄鍋や釜を沈めると、大蛇は家山（島田市川根町）の池へ逃げていったという。毎年7月下旬には船屋台を浮かべ、夜には約100発の花火を打ち上げる「新宮池夏祭り」が催される。

【よりみちグルメ】

教会をリノベーション

こみちカフェ

ゆるりとした時が過ごせる癒やしカフェは、実は元教会だった建物をリノベーションした空間。三角屋根に白い外壁が印象的な建物に足を踏み入れると、雑貨やアクセサリーがセンス良く並び、その奥にカフェ空間が広がる。お薦めは月替わりの「こみちプレート」やスイーツで、かつて祭壇だった場所は人気の小上がり席になっている。

ランチの「こみちプレート」1300円

「秋葉山もなか」100円

「青ねり」&「秋葉山もなか」をお土産に

月花園《げっかえん》

70年ほど前に地元の和菓子屋が連携して生まれた「青ねり」は、美しい山々をやさしい緑色で表現した春野町銘菓。創業約80年の月花園では白ゴマをあしらうのが特徴だ。最近は「抹茶」や「キウイ」など季節限定の味も登場する。秋葉山本宮の依頼で考案した「秋葉山もなか」も好評だ。

「青ねり」80円、
「抹茶」90円、
「キウイ」100円、
「天狗まんじゅう」90円

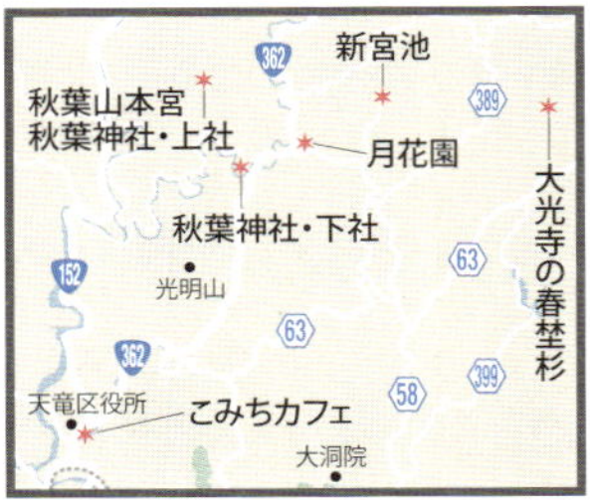

●新宮池
住浜松市天竜区春野町和泉平
☎053-983-0066（春野観光協会）

●こみちカフェ
住浜松市天竜区山東4326　☎053-545-3335
営11：00〜18：00　休月·火曜　Pあり

●月花園
住浜松市天竜区春野町堀之内973-4　☎053-985-0014
営8：00〜19：00　休なし　Pあり

若き日の家康公ゆかりの寺 可睡齋《かすいさい》

可睡齋

袋井市久能2915-1
☎0538-42-2121
拝観時間／自由
拝 観 料／なし
ご 利 益／家内安全、火災消除、厄除守護、商売繁盛、交通安全

開山は室町時代初期。戦国時代には、今川氏の人質だった徳川家康公を11代住職がかくまって逃がすという出来事があり、後に浜松城主となった家康は報恩のために住職を城に招いている。その時、家康公の前でうとうと居眠りをした住職の安らかな姿に親愛の意を込めて「睡る可し」と話し、「可睡和尚」の愛称を与えたことから寺の号を「可睡齋」に改めたとも言われている。秋葉三尺坊大権現が鎮座する火防守護の総本山としても名高い。日本一大きな「烏蒭沙摩明王」（うすさまみょうおう）を祀る東司や、唐破風屋根の「瑞龍閣」（ずいりゅうかく）は国登録有形文化財。数年前から人気急上昇中の地蔵尊「勝軍地蔵」は勝負運の願掛けに訪れる人が後を絶たない。

高村晴雲作の「烏蒭沙摩明王」

「勝軍地蔵」

家康公の命を救った

出世六の字穴

戦国時代、武田勢との戦で徳川家康公が隠れて命拾いをしたのが境内にあるこの穴。後に天下を取った家康公にあやかり、いつしか「権現洞」、「出世六の字穴」と呼ばれるようになった。太い幹の脇にある小さな洞窟には延命地蔵が祀られ、出世祈願に訪れる人が多い。

出世六の字とは「地獄・餓鬼・畜生・修羅・人間・天上」の六道を解説する仏道の教えを意味する

美しいふすま絵は必見!

「瑞龍閣」菊の間と菖蒲の間。それぞれふすま絵には室名の花が描かれている（拝観は8：00～17：00/中学生以上500円）

1

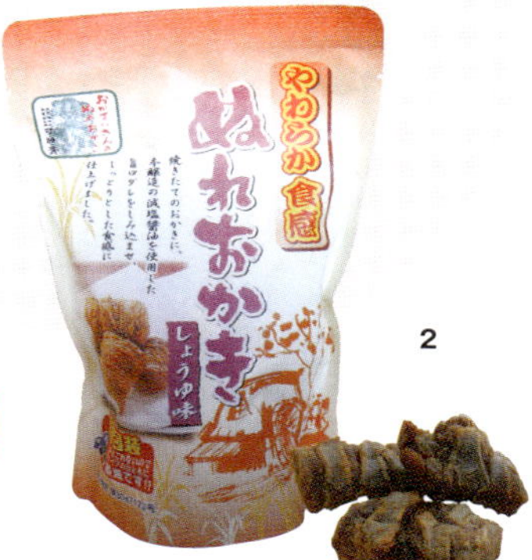

2

3

1.「豆腐あいすくりん」350円。特製粒餡がのる「あいすくりん」は、豆乳・黒ごま・抹茶から選ぼう　2.癖になりそうな「ぬれおかきしょうゆ味」600円　3.人気の「勝ち守」600円

「あいすくりん」で心が洗われる!?

可睡齋駐車場脇にある直営の売店「洗心閣」には各種お守りのほか、お土産にぴったりの菓子やグッズが並ぶ。人気の「あいすくりん」は小金山典座和尚が監修。「ぬれおかき」は醤油味のほか七味、ごまの3種類がセットになった箱菓子（1000円）もある。

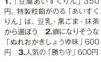

【可睡齋でこんな体験も…】

日帰り3800円、宿泊8800円（2人以上・1泊2食・供物付き）、一般入坊8000円（2人以上）※いずれも精進料理、坐禅、写経代を含む

坐禅、写経、
精進料理を体験

月心会《げっしんえ》

月に2回開かれる「月心会」は、日常を離れ、坐禅、写経、精進料理を体験し、自分と向き合う時間を過ごそうというもの。日帰りのほか、朝5時に起床して朝のお務めや清掃など、僧侶の生活をひと通り体験する1泊2日コースもある。日本を代表する精進料理界の鉄人・小金山泰玄典座和尚が手がける料理が味わえるのも興味深い。17時から翌昼までの、より気軽なプラン「一般入坊」もある。詳細はHPを。

圧巻! 1200体のおひなさま

可睡齋ひなまつり

供養を頼まれ預かったひな人形を、もう一度輝かせてあげたいと始まった可睡齋ひなまつり。毎年元旦から3月末まで、瑞龍閣に32段、約1200体が並ぶ様子は圧巻。年を追うごとに話題となり多くの人が訪れている（8：00～17：00／中学生以上500円 ※室内ぼたん庭園、拝観料含む）。

【よりみちグルメ】

地元愛たっぷり! のジェラート

じぇらーとげんき

袋井愛あふれる店主が地元の素材を使って作るジェラート店。バニラ、抹茶などの定番から季節の恵みソルベなど14種類が並び、袋井宿のB級グルメをスイーツにした「たまごふわふわアイス盆」や冬期限定の身も心も温まる「ほっとけあいす」も人気。可睡齋の売店「洗心閣」で販売している「あいすくりん」も、この店とのコラボで誕生した。

1.「たまごふわふわアイス盆」400円　2.「ほっとけあいす」400円

お土産にしたいマドレーヌ

ラウンドテーブル

帝国ホテルにいたパティシエが作るちょっと濃厚なマドレーヌが評判。定番のほかにチョコ、チーズ、レモン、ゆず、醤油、味噌味などバリエーションも豊富で、厳選素材を使った「プレミアムマドレーヌ」も人気が高い。サブレや、B級グルメにちなんだ菓子「たまごふわふわ」(190円)もお薦め。

1.「バリエーションマドレーヌ」180円。写真は抹茶とチーズ
2.「プレミアムマドレーヌ」175円

●じぇらーとげんき
住 袋井市久能2952-1　☎0538-43-7766
営 9：00～18：00※11～3月は～17：00　休 木曜、第3水曜　P あり

●ラウンドテーブル
住 袋井市高尾町3-27　☎0538-42-0117
営 10：00～19：00　休 火曜　P あり

学業の神様としっぺい太郎に会える

矢奈比賣神社《やなひめじんじゃ》

創建時は不詳だが、平安時代にはすでにあった記録が残る

御祭神の矢奈比賣（やなひめ）と菅原道真公を祀り、「見付の天神さん」として慕われる。学業成就を願って訪れる人が多いが、「しっぺい太郎」の伝説も有名だ。その昔、この辺りには白羽の矢が当たった家が、娘をいけにえに捧げなければならないという風習があり村人を苦しめていた。しかし旅の雲水によって、すべては神に化けた妖怪の仕業で、退治できるのは信濃の国の猛犬、しっぺい太郎であることが明らかとなる。雲水はすぐに信濃へ旅立ち、しっぺい太郎を連れて戻り、見事妖怪退治を成功させた。このことからしっぺい太郎は霊犬として祀られ、愛犬の健康守護にもご利益があるとされている。

　お守り授与所の向かいにある井戸の霊水「梅之湯」を飲むと、1年間お腹の病気をしないという言い伝えも残り、毎年8月13日に無料で「梅之湯」が振る舞われる。

矢奈比賣神社

磐田市見付1114-2
☎0538-32-5298
拝観時間／自由
拝 観 料／なし
ご 利 益／学業向上、家内安全、安産、厄除け、愛犬守護

（右）英雄犬しっぺい太郎の像
（下）腹痛がたちまち回復したという伝説が残る「梅之湯」

女性が牡牛を撫でると、子授けのご利益があるとも言われている

撫でるだけで願いが叶う

願掛け牛

拝殿の両脇に鎮座する「願掛け牛」。天神様の牛は神のお使いと言われ、右が男性を守る牡牛、左が女性を守る牝牛だ。自分の体の悪い部分を撫でると回復へ向かい、願い事を強く思いながら撫でると願いが叶うと言われている。

カラーもバリエーションも続々!

しっぺい御守

磐田市の公式キャラクター「しっぺい」を描いた絵馬やお守りが、かわいらしいと人気。2016年には正月限定の新しっぺいお守りも登場。

1

2

3

4

1.国の重要無形文化財でもある「見付天神裸祭」の装束に身を包んだしっぺいが描かれた絵馬1000円　**2.**「縁結び守り」500円にもしっぺい　**3.**木彫りのしっぺい太郎付き「お守り」500円
4.「厄除け守り」500円

御神木と御縁木

拝殿の向かいに立つ「御神木」は500年に渡って参拝者を見守ってきた長寿のひのきで、見るからにパワーがありそう。赤鳥居そばにある2本の木が根元で一つに結ばれているように見える「御縁木」には、恋愛・結婚・良縁成就のご神徳があるそうだ。

(右) 天に向かってまっすぐに立つ御神木のひのき
(上) 寄り添うように立つ御縁木

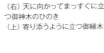

【ちょっと足をのばして…】

柔和な表情に癒やされる
「子育・水かけ地蔵さま」

子どもの成長と健康を願って

玄妙寺《げんみょうじ》

旧東海道、見付本通り近くにある、子育て中の人にお薦めの寺。国の登録有形文化財の門柱をくぐって左手にある「子育・水かけ地蔵さま」に水をかけて清めれば、子どもが元気で丈夫に育つ知恵と力を授けてくれるそうだ。本堂には安産・子育ての神様、鬼子母神が祀られている。

玄妙寺

磐田市見付2440-1
☎0538-32-4226
拝観時間／自由
拝 観 料／なし
ご 利 益／子授け、安産

日什大正師(にちじゅうだいしょうし)御祈祷像の上に鬼子母神を祀る

本堂南側の右側に日限地蔵尊、左側に薬師如来が祀られている

縁結び祈願は順路に注意

西光寺《さいこうじ》

西光寺

磐田市見付3353-1
☎0538-32-4216
拝観時間／自由
拝 観 料／なし
ご 利 益／縁結び、恋愛成就、健康全般

恋愛成就と縁結びのパワースポットとして注目されている寺。葉が二対なので昔から縁結びの木とされる「なぎの木」に触れ、次に境内の「大楠」に触り、最後に2本の木を結ぶしめ縄を軽く握って願掛けするのが縁結び祈願の順路。くれぐれも間違えないように気をつけよう。逆回りすると縁切りのご利益があるそうだ。

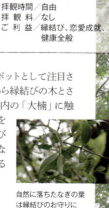

自然に落ちたなぎの葉は縁結びのお守りに

【よりみちグルメ】

「ランチセットのチキンカレー」972円

気軽に本場のエスニック料理を
Rat House《ラットハウス》

日本人好みのインドネシア料理が好評。アットホームな雰囲気の中、野菜たっぷりのエスニック料理が味わえる。人気は春巻きややきそばなどの料理5品とご飯を盛り合わせた「ナシチャンプル」（1300円）や、食べ応え満点の「ナシゴレン」（800円）。ランチは800円から味わえる。

50年愛され続ける名物かき揚げ丼
味匠 天宏《てんひろ》

磐田市の名所「旧赤松邸記念館」に隣接する料亭「天宏」。その敷地内にあるのが丼や定食など気軽な和食が味わえる「別館 椿」だ。一番人気は名物の特大かき揚げを2枚重ねにした迫力の天丼。魚介や野菜など7種類の素材がサクッと軽い口当たりのかき揚げと自家製だれ、ご飯との組み合わせは最強だ。

「かき揚げ丼」1200円

●Rat House
住 磐田市見付1729-5　☎0538-37-6669
営 11：00～14：00※金・土曜は17：30～22：00も営業
休 日曜、第2月曜　P あり

●味匠 天宏
住 磐田市見付3884-5　☎0538-32-7078
営 11：00～14：00LO、17：00～21：00LO　休 月曜　P あり

山住神社《やまずみじんじゃ》

家康公も助けられた山犬様の神社

こんな山奥に本当に神社があるの？そんな不安を抱え、木々の生い茂る林道を登って、たどり着くのが、標高1107mの山住山山頂に鎮座するこの社だ。709年に伊予の国の大山積神社から大山祇神（おおやまづみのかみ）を勧請、山犬様（オオカミ）を神の使いとして崇めるお犬様信仰で知られる。

徳川家康公とのゆかりも深く、武田軍に追われてこの神社に逃げ込んだ際、山全体に山犬の遠吠えが響き、敵を退散させたという言い伝えが残る。三方原の合戦では武運長久を祈願、後に「二振りの刀剣」を奉納し、今も社宝として神庫に納められている。山住神社の神紋が「葵の御紋」なのはそのためだ。

山住神社

浜松市天竜区水窪町山住230
☎053-987-1179
拝観時間／9:00〜16:00
拝 観 料／なし
ご 利 益／邪気退散、盗難避け、家内安全、商売繁盛

御神木の杉は県天然記念物

参拝者を出迎える山犬像

悪霊や邪気を退ける「山犬様」

戦国時代、オオカミが農作物を荒らすサルやイノシシ、シカを追い払う益獣だったことから、水窪・奥三河一帯では作物の守り神として崇められ、山犬信仰が定着。そのご利益も悪霊除けへと広がった。地元の人々は今も犬神様のお札を邪気退散のお守りとして大切にしている。

1

2

1.「山住神社御守護札」1000円
2.山犬様「鈴ストラップ」700円

樹齢1300年の御神木

境内にひときわ樹勢が旺盛な巨大杉が2本。これが樹齢1300年の御神木だ。裏山に茂る杉も樹齢100年以上と言われ、ここに立つだけで心身が浄化されるよう。新緑の季節から夏場にかけて「森の宝石」と呼ばれる美しい野鳥「仏法僧（ぶっぽうそう）」の声が聞けることもあるので、耳を澄ましてみよう。

「山住の千年杉」と親しまれている

1

2

1.拝殿の後ろに見えるのが本殿
2.拝殿を右に回り込むと正面が見える

珍しい横向きの社殿!?

参道からまっすぐ進むと、本殿が横向きに建っているのがわかる。そのおかげで、拝殿、本殿の両方を一度に見られる珍しい造りになっている。美しい社殿の木鼻（きばな／柱から突き出している彫刻）や虹梁（こうりょう／虹型に反った梁）などにも注目してみよう。冬は道中が雪道になるが、うっすら雪をまとった社殿と、力強くそびえる緑のコントラストは一見の価値あり。

【ちょっと足をのばして…】

スポーツ選手も健脚祈願

足神神社《あしがみじんじゃ》

全国的にも珍しい「足の神様」を祀る。鎌倉時代に足を病んだ旅の僧侶を村人がここに湧き出る水で手当てしたとの言い伝えから、足の健康祈願に老若男女が参拝。中にはJリーグやフィギュアスケートのトップアスリートもいるとか。湧水は今も「足神様の名水」として親しまれ、年間1万人が水汲みに訪れている。

足神神社

浜松市天竜区水窪町西浦
☎0539-87-2607
拝観時間／自由
拝 観 料／なし
ご 利 益／足の健康

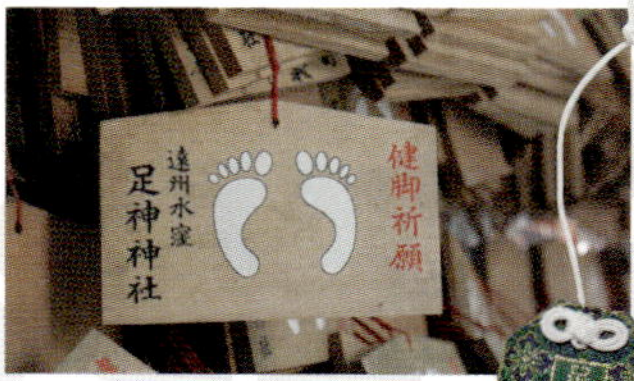

一目瞭然！「健脚祈願絵馬」500円。御守各種500円、御祈祷料（神札、御守など含む）5000円

遠州七不思議、幻の池

池の平《いけのたいら》

遠州七不思議のひとつに数えられている、7年に1度だけ木立の中に突如現れる幻の池。普段は1滴の水もないくぼみになぜ突然水が湧き出すのかは不明で、池が見られるのは10日間ほど。その後は水が引き消えてしまう。いつ現れるかはわからないが、運が良ければご対面も夢じゃない。出現のタイミングなど詳細は水窪協働センターに問合わせを。

【よりみちグルメ】

「つぶ食料理コース」2000円

雑穀料理の魅力に触れる

つぶ食いしもと《つぶしょくいしもと》

築100年の自宅を開放した農家レストランで、アワやヒエ、キビなどの雑穀を使った料理が楽しめる。その独創性は驚くほどで、雑穀や山菜を肉や魚に見立てて現代風にアレンジ。雑穀、野菜、果実は自ら栽培し、山菜は地元の山から。昼のみの完全予約制。2000円と3000円のコースがある。

懐かしい里の味に癒やされる

みさくぼっち

水窪町役場前にある地元のお母さんたちが営む食堂&直売所。一番人気は自家製粉の「うどん」や「そば」（各350円）で、手作りの「いなり寿司」（50円）や「おにぎり・混ぜご飯&こきびご飯」（150円）などもお薦め。何より手頃な価格がうれしい。コンニャク（期間限定）や採れたての山菜などの土地の恵みはお土産に。

1

3

1.「蒸しパン（あんこ入り）」1個150円ほか　2.品数豊富な午前中に立ち寄ろう　3.「丸こんにゃく」320円

●池の平（場所については問い合せを）
住 浜松市天竜区水窪町奥領家　☎053-982-0001（水窪協働センター）

●つぶ食いしもと
住 浜松市天竜区水窪町地頭方389　☎053-987-0411
営 12：00～14：00（限定1日20人ほど）　休 完全予約制　P あり

●みさくぼっち
住 浜松市天竜区水窪町奥領家2665-2　☎053-987-1553
営 8：00～14：00※なくなり次第終了　休 月曜、5月上旬～6月中旬　P あり

子宝に恵まれると信仰されている「麻羅地蔵菩薩」

ご利益は子授けから安産、子育てまで

西福寺《さいふくじ》

平安時代創建の古刹で、子授けから安産、子育てまで見守ってくれる女性にとってありがたいスポット。御本尊は安産・子育ての観音様「子安観世音菩薩」で、御開帳の時以外は拝観できないが、赤ちゃんを抱いたやさしい姿だという。この寺では絵馬の代わりに巾着袋を奉納するのが習わしで、それも袋の底が縫われていない不思議な形。胎児が産道をするりと抜けられるように、安産でありますようにとの願いが込められている。

そして子宝を授かりたいと願う女性たちが訪れる場所が、もうひとつ。境内脇にある「麻羅（まら）地蔵菩薩」で、別名「子授地蔵」と呼ばれる。長さ1mの石棒が祀られているお堂のお地蔵様に荒縄を巻くと願いが叶うとの言い伝えがある。

ペンで願いが書かれた底なし巾着袋は寺でも買えるが、手作りで持参する人も多い

駐車場には檀家が奉納した子持石がある

西福寺

菊川市吉沢523
☎0537-35-3923
拝観時間／自由
拝 観 料／なし
ご 利 益／子授け、安産、縁結び、家庭円満

やさしい表情の地蔵絵馬を奉納

昔は夜中に女性がこっそりお参りするのが常だったという麻羅地蔵。今は夫婦のほか孫の誕生を願う親も多く訪れる。あまりの人気のため荒縄を使った正規のお参り方法は祈祷申込者のみ。代わりに麻羅地蔵尊を立体的に模した絵馬を奉納する。赤いよだれかけは、魔よけの意味も持つ。

「子授麻羅地蔵絵馬」1000円

安産お守りと祈祷済腹帯

ピンク色の「安産御守」は家族や友人に贈る人も多く、ちりめん生地を腹帯の形にした「安産の願い守」も人気。実際に使える「祈祷済腹帯」もある。

「安産御守」1000円　「安産根付（安産の願い守）」1000円

夫婦には「めおとまもり」

荒縄デザインの「めおとまもり」。セットで2000円

緑茶と茶葉を使ったスイーツでほっこり

san grams green tea & garden cafe

サン グラムス グリーン ティー アンド ガーデン カフェ

2015年にオープンしたお茶屋さん直営のカフェ。一般的なブレンド茶ではなく、ブレンド前の「シングル茶」が味わえるのが特徴。茶葉を見て、香りを確認してオーダーできる。茶葉を使ったスイーツも楽しめ、「抹茶のシフォンケーキ」（500円）は一番人気。

【よりみちグルメ】

溶けないアイス「くずシャリシャリ」

さくら屋

創業100年を誇る菓子店の名物は菊川の新グルメ「くずシャリシャリ」（162円）。葛にフルーツを入れて凍らせたアイスキャンデーは、みかん、桃、いちごミルクなど6種類あり、4月上旬から10月下旬までの限定販売。

●san grams green tea & garden cafe
住菊川市堀之内1-1
☎0537-36-1201
営10：00～18：00
休火曜　Pあり

●さくら屋
住菊川市半済1680-5
☎0537-35-2307
営9：00～19：30
休なし
Pあり

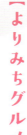

願い事を「ことのままに」叶えてくれる

事任《ことのまま》八幡宮《はちまんぐう》

事任八幡宮

掛川市八坂642
☎0537-27-1690
拝観時間／自由
拝 観 料／なし
ご 利 益／諸願成就、安産祈願、交通安全

掛川バイパスを降りてすぐ、この小さな社が脚光を浴びるようになったのは10数年前から。「御神木の杉のパワーがすごい」、「大楠の幹に触ると願いが叶う」と口コミが広がり、パワースポットとして多くの参拝者が訪れるようになった。

この事任八幡宮は、あの清少納言の「枕草子」にも、「ことのまま明神いとたのもし」と登場する。主祭神の己等乃麻知比売命（ことのまちひめのみこと）は願い事をことのまま（言のまま）に叶えてくださると平安時代の京にもその名が知られていた事が伺える。人気は今に始まったことではないようだ。十五夜には参道にろうそくが灯され神事が行われ、朗読劇などのイベントが催されることもある。

これって耳の形?

千年杉も見応えがあるが、樹齢600年の大楠に不思議なフシを発見。言の葉でことを結ぶ神なので、願いを叶えてほしいなら耳を澄ましなさいという意味があるのかも。

御神木の千年杉

例大祭では珍しい朝顔屋台も

各町の屋台が神社に集結する例大祭は「敬老の日」前の金曜から日曜の3日間。屋台のてっぺんが上に向かって広がる様子が朝顔のようなので「朝顔屋台」と呼ばれる。

ラインストーンと亀で開運!

お守りは社宝の掛け軸に描かれた「羅陵王の舞人」(らりょうおうのまいびと)を織り込んだ「仕事守」や、祓い清めて幸運を呼ぶという「幸運の鈴」などオリジナルが好評。主祭神のお使いとされる亀に手作業でラインストーンを付けた「開運亀守」は特に人気(お守りは500円〜)。

「開運亀守」は同じデザインが2つとない1点もの

【よりみちグルメ】

掛川グルメなら迷わずここへ

道の駅掛川《みちのえきかけがわ》

朝採り野菜やハム・ソーセージ、夜泣き石伝説で知られる「子育てあめ」、サトウキビで作る「よこすかしろ」など掛川自慢の産物が揃う。食堂ではとろろそばや焼肉丼など地元の味が楽しめる。

掛川豚と掛川コシヒカリの「焼肉丼」700円

「オリジナルスパイスカレー」1200円

アンティーク好きに話題の雑貨カフェ

Antique Cafe Road《アンティークカフェロード》

竹林や山道を抜けてやっとたどり着くカフェ。牛舎を改装した店の飲食スペースは半分がテラスで木々の緑や渓流を眺めながらゆったり過ごせる。ランチなら豆と鶏ひき肉のカレーがお薦め。

●道の駅掛川
住掛川市八坂882-1
☎0537-27-2600
営9:00〜17:00
休第2月曜
Pあり

●Antique Cafe Road
住掛川市大野1776-7
☎090-4853-0851
営11:00〜日暮れ
休月・火曜
Pあり

法多山《はったさん》尊永寺《そんえいじ》

厄除開運の霊験あらたか。名物だんごも忘れずに

願い事をひとつ叶えてくれると言われる「不動明王」

今から約1300年前に、聖武天皇の命を受けた行基上人が、自ら刻んだ正観世音菩薩を安置し開山。以来朝廷や武将の信仰も厚く、本堂へと続く道には「徳川家康公御手植の松」が残る。今も全国から多くの参拝者が訪れる厄除けスポットだ。

万灯祭が行われる7月9・10日は何千もの灯篭が揺らめき幻想的な雰囲気に包まれる。特に7月10日は特別な日で、この日に参拝すると4万6千日分のご利益が得られると言われる。さらに観音様に灯篭を奉納するとご利益が倍増するそうだ。

法多山詣での締めくくりは名物「厄除だんご」(一皿200円/8時~16時半)。徳川13代将軍に献上したのが始まりで、食べれば厄が落ちるとして親しまれている。参道の茶屋で一服しながら味わおう。

法多山尊永寺

袋井市豊沢2777
☎0538-43-3601
拝観時間/自由
拝観料/なし
ご利益/厄難消除、家内安全、無病息災、方災消除

(右) 2015年8月8日に建立された蛸薬師堂。タコは皮膚病に効くとされるので美肌祈願に (下) 鳳凰が舞い降りたような造形が美しい本堂

知る人ぞ知る 女性の守り神

本堂へと続く道の途中に建つ二葉神社は、恋も仕事もがんばる女性の守り神として信仰されている。かつては浜松市・鴨江の二葉遊郭内にあり、芸妓や娼妓などが浄財を出し合い、商売繁昌・恋愛成就を願って造営した神社だった。遊郭解体に伴い、法多山へ移されたという。

二葉神社

好みの「古代裂御守袋」（300円）に「厄除御守」（300円）を入れて、かわいいお守り完成

緑日はちょっと特別、お茶だんご

一連五串のだんごにたっぷり餡がのった「厄除だんご」。月に1度の観音縁日には緑茶を練りこんだ緑色のだんごを特別販売。春は桃色の「桜だんご」も登場する。

縁日限定の「お茶だんご」一皿200円

デザインいろいろ 古代裂《こだいぎれ》御守袋

かつて女性は、肌身離さず持ち歩くお守りをお気に入りの古布などで包み、それぞれに趣向を凝らしていた。その習わしにあやかり、約30種類の柄を揃えるのが「古代裂御守袋」。伝統的な意匠の雅びなものからキュートなものまで選ぶのに迷ってしまいそう。

【よりみちグルメ】

袋井名物たまごふわふわ
お食事処 山田《やまだ》

法多山門前にある食事処の名物は、江戸時代の卵料理を再現した「たまごふわふわ」（350円）。北海道産利尻昆布と鰹だしがきいた茶碗蒸し風だが、違うのはその食感。やさしい味わいを楽しんで。

ふわふわシフォンの甘い誘惑
SPOON CAFE《スプーンカフェ》

シフォンケーキが評判のカフェ。店内では「ガトーショコラ」(830円)や「キャラメルエスプレッソフレンチトースト」(930円)などをドリンクとセットで。持ち帰りなら「プレミアムバニラシフォンケーキ(ホール)」(2200円) がお薦め(前日までの要予約)。

●お食事処 山田

住袋井市豊沢2750
☎0538-42-2057
営10：00～16：00※変更あり
休木曜
Pなし 法多山に有料駐車場あり
※1～2月上旬は「たまごふわふわ」の販売は休み

●SPOON CAFE

住袋井市愛野東2-7-2
クレアールあいの101
☎0538-43-6909
営10：00～18：00
休水曜、第2･第4木曜
Pあり

目の霊山として名高い古刹

油山寺《ゆさんじ》

山門は、掛川城の大手門を移築した国指定重要文化財。その門を抜けて石段を上ると、平成25年に新築した宝生殿を正面に書院と方丈が見え、その先にるりの滝、滝堂、三重塔、薬師本堂が続く。少し長い道のりとなるので、景色も楽しみながらのんびり上っていくのがお薦めだ。

開山は今から1300年ほど前。行基上人が万民の無病息災を祈願し、薬師如来を本尊として開いた。孝謙天皇が眼病を患った時には平癒を祈願し、「るりの滝」の加持祈祷した霊水で目を洗ったところ全快。以来、目の霊山として信仰されるようになり、今も目の守護や眼病の回復祈願の人々が後を絶たない。貴重な文化財や寺宝を拝観することでご利益がいただける「宝生殿ごりやくめぐり」（300円／10〜15時）もぜひ体験を。

「世界一の大念珠」も見どころ。長さ120m、重さ250kgもある

油山寺

袋井市村松1
☎0538-42-3633
拝観時間／6:00〜18:00
拝 観 料／なし
ご 利 益／眼病全快、視力回復、健足維持、病気平癒

るりの滝をじっくり鑑賞

生い茂る木立の中、川沿いに続く参道を進むと、天井に白龍が力強く描かれた滝堂に到着。ここから「るりの滝」を眺められる。住職はここで滝行を約40年、毎朝欠かさないそうだ。体験してみたい人は、法話・座禅・写経・滝行体験ができる「心の体験修行」（有料）に挑戦してみて。

滝堂の天井画

厄除の雷神は玄関に

どこかユニークな雷神は家の守り神。「厄除雷神」1000円

目だけじゃない 足腰にもご利益

寺の守護神、軍善坊大権現は足腰の病に霊験あらたかと言われる。足裏が描かれた絵馬やお守りはお土産にもいい。青竹で作った「健足の道」も参拝前後に歩いてみよう。

「目の絵馬」と「健足絵馬」各500円

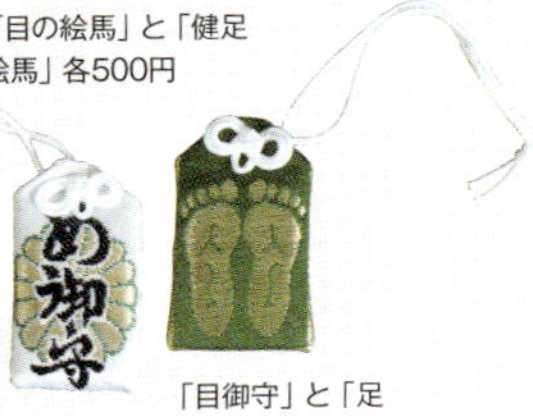

「目御守」と「足御守」各700円

【よりみちグルメ】

完熟メロンでパワーチャージ

名倉メロン農場 fruit cafe NiJi《フルーツカフェニジ》

土・日曜と祝日限定営業のメロン農場直営カフェ。「メロンパフェ」(880円)はカットメロン、バニラとメロンシャーベット、シフォンケーキがのりメロン尽くし。糖度14〜16度の甘くてジューシーなメロンに大満足！

ヘルシーランチでお腹も浄化!?

オカン食堂《オカンしょくどう》

口コミで評判のランチ食堂。メニューはおかず3品にご飯、スープ、漬物、ルイボスティが付く1日限定15食の「オカンの日替わりランチ」900円のみ。地元農家から仕入れた野菜をたっぷり使ったプレートご飯で内側から元気に。

●名倉メロン農場 fruit cafe NiJi

住袋井市山崎4334
☎0537-48-5677
営10：00〜17：00
(カフェは土・日曜、祝日のみ営業
平日利用は要予約)
休月〜金曜
Pあり

●オカン食堂

住袋井市上山梨4-3-7
月見の里学遊館内
☎090-8957-1062
営11：30〜16：30LO
休木・金曜
Pあり

家康公にあやかって、人生再起!?

小國神社《おくにじんじゃ》

創建は１４００年ほど前で、御祭神は大己貴命（おおなむちのみこと）。約30万坪の神域は大樹に囲まれ、春は桜、初夏の菖蒲、秋の紅葉など豊かな自然が楽しめる。家康公との縁も深く、「三方原の合戦」では戦勝祈願に神社を焼き払い、その後社殿を作り直したと伝えられている。また家康公が犬居城攻略の道すがら参拝し、座って休息したと言われる「立ち上がりの石」は、家康公にあやかりたいと「人生再起」を念じて腰かける人も。近年は「縁結びの木」として有名になった「ひょうの木」に、良縁祈願で足を運ぶ人も多い。

家康ゆかりの「立ち上がりの石」

小國神社

周智郡森町一宮3956-1
☎0538-89-7302
拝観時間／9:00～17:00
拝 観 料／なし
ご 利 益／商売繁盛、厄除祈願、
交通安全、安産、良縁成就

1.社殿から少し離れた裏手にあるひょうの木　2.ひょうの実は穴が1つあるこの形が理想形

恋愛成就を願う乙女が殺到

大国様が実を吹いたら、その音色に惹かれて女神が現れたという言い伝えから、縁結びの木として人気を集める「ひょうの木」。多くの女性が縁結び・恋愛成就のご利益を求めて訪れている。ひょうの実を拾ってお守りにすると願いが叶うとあって、根元を熱心に探す女性の姿も。探すなら雨上がりがお薦めだ。

常に品薄の人気お守り 宝槌

拝殿横の大きな「宝槌」。五穀豊穣の神で、食物・財福を司る大国様の小槌を模し、願いを込めて触れると福が呼び込める。この「宝槌」をコンパクトにした縁起物がテレビの紹介をきっかけに人気を呼び、今も品薄状態が続いているそうだ。「絶対に欲しい！」という人は事前の問い合わせが確実だ。

1.お守りの「宝槌」4000円　2.天下泰平、良縁成就などの願いを込め奉納された拝殿横の「宝槌」

「もみじストラップ」

モミジの水引きが美しい縁結びのお守り800円

【よりみちグルメ】

門前横丁で開運だんご

癒しの空間 茶寮宮川《さりょうみやがわ》

神社併設の「ことまち横丁」にある茶寮。まずは「開運だんご」を味わおう。農林水産大臣賞と東京都知事賞をダブル受賞した森町産のお茶が買えるほか、深蒸し茶の詰め放題は1050円で楽しめる。

「開運だんご」2本250円

和洋甘味が充実したお茶屋喫茶

太田茶店《おおたさてん》 旬菓の杜《しゅんかのもり》

神社近くの茶店が営む喫茶。参拝後にここに立ち寄り、神社のひょうの木の実をモチーフにした「ひょうの実饅頭」をぜひ。緑茶味の「マカロン」180円などはお土産にしても喜ばれそう。

「ひょうの実饅頭」200円。緑茶のサービス付き

●癒しの空間 茶寮宮川
住周智郡森町一宮3956-1
☎0538-89-6116
営9：00～17：00
休なし
Pあり

●太田茶店 旬菓の杜
住周智郡森町一宮3822
☎0538-84-2020
営10：00～16：00
※食事処・森の息吹は11：00～13：30
休火曜※1のつく日は営業、翌日休み
Pあり

厄除、長寿、縁結び…。
境内をご利益めぐり

方広寺《ほうこうじ》

境内に点在する五百羅漢。必ず自分に似た羅漢様がいると言われている

開創1371年の臨済宗方広寺派大本山。守り神の半僧坊大権現は、開祖の無文元選禅師が中国から帰国の折、遭難した船に突如現れた鼻高の異人だと言い伝えられる。無事に船を日本に導いた後、異人は姿を消したが方広寺開創の時、再び禅師の前に現れて弟子になりたいと申し出た。その姿を見た禅師が「汝、半ば僧に似たる所あり」と称したことから「半僧坊」と名付けられ、開祖亡き後は寺と山の守り神になると告げ、姿を消したという。

この故事と、明治14年の大火で禅師の墓所や半僧坊真殿が焼けずに残ったことから厄難消除（海上安全、火災消除）に霊験あらたかと信仰されるようになった。

樹齢600年の半僧杉は長寿、大黒尊天は縁結びのご利益もあるとされる。

（上）半僧坊大権現の御開帳は15年に1度。「上り龍下り龍」は工匠岩五郎の作
（右）水戸光圀公に縁がある釈迦三尊像。2014年に国重要文化財に指定された

方広寺

浜松市北区引佐町奥山1577-1
☎053-543-0003
拝観時間／9:00～16:00
拝 観 料／大人400円、子ども（小中学生）200円
ご 利 益／厄難消除、海上安全、火災消除、延命長寿、縁結び、商売繁盛

人気沸騰中の「勝守」など
ご利益グッズもいろいろ

試合や仕事、困難に勝ち、己にも打ち克つという意味が込められた「勝守」や「こども守」、「絵馬」などのほか2013年の御開帳記念で作った「半僧坊大権現御姿」などもある。「御朱印」は300円。

「半僧坊大権現御姿」1000円

「絵馬」、「勝守」、「御守」各種500円

「精進うな重」1296円

「季節の精進料理膳」2160円～

素材の味を生かした精進料理
名物うな重と旬の膳

昼食にはぜひ精進料理を味わって。旬の食材を盛り込んだ膳と、裏まで本物そっくりな精進うなぎが好評。

坐禅や写経、写仏に挑戦！

坐禅や写経、写仏をする短時間の体験コースも人気。より本格的に体験したい人には日帰り4560円や1泊9800円のコースもある。

【よりみちグルメ】

超ビッグサイズの油揚げ
中尾商店《なかおしょうてん》

明治14年の創業以来110年以上、ずっと手作りを貫く油揚げの専門店。幅10cm、長さ20cmもある油揚げは1枚450円。カリカリに焼いて、しょうがと醤油で味わうのがお薦めとのこと。

門前そばと味噌おでんに舌鼓
乃木そば神谷《のぎそばかみや》

その日の分だけ毎朝手打ちする蕎麦は、昔ながらの味。つゆは化学調味料を使わない手作りにこだわる。甘めの味噌で食べる「味噌おでん」も定番だ。

「特製乃木そば」500円

「味噌おでん」1本100円

●中尾商店

住浜松市北区引佐町奥山1576-3-1
☎053-543-0048
営9：00～17：00
休なし　Pなし

●乃木そば神谷

住浜松市北区引佐町奥山1576-3-1
☎053-543-0054
営11：00～16：30LO
休水曜（祝日営業）　Pなし

戦国武将にも愛された護身の神様

摩利支眞天・東雲寺

まりししんてん・とううんじ

摩利支眞天が祀られたお堂は出入り自由

鳥のさえずりしか聞こえない山深い場所に建つ摩利支眞天・東雲寺。「摩利支眞天」はインド伝来の護身の神で、この寺でも元々は寺を守るために祀られたが、インド土着の神だった頃の姿が、メラメラと火が立ち上る強さを持っていたことから「敵に捕らわれない」と、戦国武将から信仰を集めるようになった。現在の摩利支眞天はイノシシに股がり、弓を構えた軍神の姿で、戦勝祈願・勝負必勝の神として崇められている。また摩利支眞天が男性のシンボルを象徴する弓を構えて的を射るポーズが、出産をイメージさせることから、安産祈願に訪れる女性も多い。2月の第4日曜には夜店が並ぶ大祭が開かれる。

本堂

摩利支眞天・東雲寺

湖西市神座463-2
☎053-578-0716
拝観時間／自由
拝 観 料／なし
ご 利 益／必勝祈願、武運、安産、大漁祈願

安産祈願守りの中身は!?

中に摩利支眞天の絵と小豆が入っている。その数が奇数だと男の子、偶数だと女の子が生まれるとの言い伝えがある。

「安産御守」1000円、「懐中御守」500円

戦勝祈願にも使われた お百度石

摩利支眞天のお堂からこの石まで幾多の人が、願いを込めてお百度参りしたのだろう

天井一面の薬草絵も必見!

お堂では天井絵もぜひ鑑賞してほしい。アサガオやタンポポ、キササゲなど薬草が描かれ、この地に多く自生する植物もある。住職いわく「東雲寺の一番の見所」だそう。

【よりみちグルメ】

「しらす丼」730円

景観も魅力の「足湯」と「しらす丼」
道の駅潮見坂《みちのえきしおみざか》

太平洋が一望できる足湯が人気。運転に疲れたらここでリフレッシュしよう。食堂の人気メニューは舞阪港で水揚げされたばかりの「しらす丼」や「あさり汁」、「生海苔うどん」など。農産物直売所も充実している。

浜名湖畔でおいしいパンを
パン時々ケーキの店 そらうみ

「チョコマーブルパン」一斤400円

「レモン風味のクリームチーズパン」180円

浜名湖西岸にある隠れ家的なパンとスイーツの店。「お母さんが作る素朴なパンとケーキ」がテーマで、常時10種類ほどの焼きたてパンと、店主の気まぐれで登場する焼き菓子が並ぶ。パンと無料のコーヒーでひと息つくのもいい。

●道の駅潮見坂

住湖西市白須賀1896-2
☎053-573-1155
営8：00～19：00
休なし
Pあり

●パン時々ケーキの店 そらうみ

住湖西市横山157
☎090-6465-0803
営10：00～パンがなくなり次第終了
休日·月曜
Pあり※なるべく乗り合わせで

風景礼讃

美しさに癒やされて、迫力に感動し
そこに立つだけで元気がもらえる
そんな自然に会いに出かけてみませんか。

精霊が手招く聖地へ

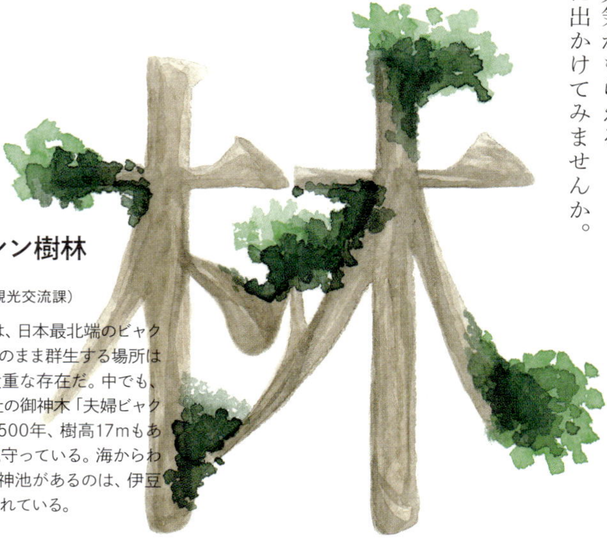

大瀬崎のビャクシン樹林

沼津市西浦江梨
☎055-934-4747（沼津市観光交流課）

駿河湾に突き出た大瀬崎は、日本最北端のビャクシン樹林。約130本が自然のまま群生する場所は他に例がなく、国内でも貴重な存在だ。中でも、この地に鎮座する大瀬神社の御神木「夫婦ビャクシン」は圧巻。推定樹齢1500年、樹高17mもあり、岬を行き交う船人を見守っている。海からわずか50mの場所に淡水の神池があるのは、伊豆七不思議のひとつに数えられている。

浜松八幡宮の雲立の楠《はままつはちまんぐうのくもたちのくす》

浜松市中区八幡町2
☎053-544-7111

三方原の合戦で武田軍に敗れた徳川家康公がこの楠の洞窟に身を潜めたところ、雲が立ち昇り、雲から白馬に乗った老翁が現れて浜松城の方角に飛び立った。その様子を見た家康公は天運我にありと奮い立ち浜松城へ帰還。武田勢の入城を防ぐことができたという。この言い伝えから「雲立の楠」と呼ばれる。樹齢1000年を超す枝振りのいいその姿はすべてを包み込むやさしさに満ちている。

太郎杉

伊豆市湯ヶ島
☎0558-85-1056（伊豆市観光協会天城支部）

天城山中で最も大きい杉。樹齢450年以上、樹高53m、根回り13.6m。長年の風雪に耐えてきたその姿は男性的で、他の樹木を圧倒する力強さがある。滑沢渓谷から太郎杉まで続く遊歩道を進み、その前に立てば、孤高の雄姿にきっと魅せられるだろう。

宿るパワーに触れる

吉沢の田高杉《よしざわのただかすぎ》

浜松市天竜区佐久間町浦川1284-5
☎053-965-1651（浜松市佐久間観光協会）

根元は1本でその先は大きく2本に分かれ、さらに3〜4本に、そして最後は10本ほどの幹に広がる樹高37mの珍しい杉。独特な姿を目にすれば、わざわざここを訪ねる人が多いことも納得できる。いつまで見ていても飽きない不思議な魅力に満ちている。

萬城の滝《ばんじょうのたき》

伊豆市地蔵堂767-3
☎0558-83-2636
（伊豆市観光協会中伊豆支部）

天城山から湧き出る清流を集めて落ちる高さ20m、幅6mの滝。滝の裏側が見られる珍しい滝で、表と裏のどちらからも見られることから「裏見の滝」、「両想いの滝」と言われている。周辺にはキャンプ場や遊歩道なども整備されていて、ここを起点にハイキングを楽しむのもお薦め。

水

五竜の滝

裾野市千福7-1 裾野市中央公園
☎055-992-5005（裾野市観光協会）

5条の滝からなる名瀑で、本流にかかる3条の滝が雄滝、支流にかかる2条の滝が雌滝。公園の吊り橋から眺められる雄滝には左から「雪解け」、「富士見」、「月見」と名前が付いている。勢いよく流れ落ちる滝が清流へと姿を変えていく様子を眺めているだけで心地いい。

柿田川

駿東郡清水町伏見 柿田川公園
☎055-975-6987（清水町観光協会）

柿田川公園内のわき間から湧く富士山の湧水を源とする、全長1.2kmの清流。水温は一年を通して15度前後で、湧水量は日に70万～100万トンと東洋一。第一展望台からはわき間や川の源流が見られる。気持ちよさそうに流れに身を任せるミシマバイカモの美しさに見とれて時間を忘れるのもいい。

水面を渡る
風がささやく

桜ヶ池

御前崎市佐倉5162
☎0548-63-2001（御前崎市観光協会）

比叡山の名僧、皇円阿闍梨が龍に姿を変えて池の底に棲んでいるという言い伝えが残る池。原生林に囲まれた緑の水をたたえる池は池宮神社の御神体。「お櫃おさめ」で池に沈めた赤飯入りのお櫃が数日後には空になって浮かんでくるという話を聞けばますます神秘の池に見えてくる。

天白磐座遺跡《てんぱくいわくらいせき》

浜松市北区引佐町井伊谷
☎053-522-4720（奥浜名湖観光協会）

渭伊神社本殿の裏山にある、古墳時代から鎌倉時代の祭祀場の遺跡。うっそうと茂る木々の間に数十個の巨岩が点在し、近年パワースポットとして人気を集めている。その昔この地で神聖な儀式が行われていたことを想像すると身が引き締まる思いがする。

竜ヶ岩洞《りゅうがしどう》

浜松市北区引佐町田畑193
☎053-543-0108

2億5000万年もの時をかけてできた東海地方最大級の鍾乳洞。洞窟内には、つらら状や石柱型の鍾乳石が続き、突如現れる落差30mの地底の滝や、翼をひろげた鳳凰を思わせる迫力満点の鍾乳石など、幻想的な世界が広がる。自然の偉大さに触れ元気がもらえるはずだ。

悠久のときを刻む大地

陽

心に染み入る
茜色のとき

メガネッチョ

賀茂郡西伊豆町大田子海岸
☎0558-52-1114（西伊豆町観光商工課）

夕陽の名所として知られる大田子海岸。海の中に立つゴジラに似た奇岩、通称「メガネッチョ」の目に夕陽が重なり、キラリと睨む姿が見られたら幸せになるというウワサのスポット。その後ろにある田子島のシルエットも夕陽に輝き、静かな時間が流れる。

だるま夕日

沼津市島郷海岸、千本浜海岸、沼津港大型展望水門びゅうお
☎055-934-4747（沼津市観光交流課）

水平線上に見える太陽の蜃気楼現象「だるま夕日」。これが見られるのは11月から1月にかけての晴れた日。さらに気温と海水温などの気候条件が揃わないときれいなだるま夕日は見られない。その希少性から「幸福の夕日」、「福をもたらす夕日」と言われている。

ご利益別スポット案内

縁結び、子授け・安産、健康・長寿、金運・商売繁盛 etc.

県内にまだまだたくさんあるご利益スポットからお薦めの場所をご利益別に紹介します。

【恋愛成就編♥】

ムーンテラス

シングルの人はいい出会いを祈願しよう

手形に愛を誓うと結ばれる!?

ライトアップされる熱海サンビーチと、海に向かって伸びるムーンテラスが続く熱海親水公園は、恋人の聖地として知られるデートスポット。ここで人気を集めているのが手形の刻まれた「恋人の聖地」の石のモニュメントだ。女性は右手、男性は左手を手形の上に置いて愛を誓うと結ばれると言われている。

熱海市

熱海親水公園《あたみしんすいこうえん》

熱海市港町地先
☎0557-85-2222
（熱海市観光協会）
☎0557-86-6218
（熱海市都市整備課）
時間／自由
料金／なし
ご利益／恋愛成就、縁結び

撮影&リボンでダブルご利益

施設内にある「ハートのモニュメント」の前に立ち2人で写真を撮ると、キューピッドが結婚へと導いてくれると話題になっている。また海の散歩道・伊東マリンロードには「幸せリボン」（1本100円／色ごとに愛や金運など願いが異なる）を結ぶと願いが叶うと言われるスポットがある。

撮影スポットはここ➡

モニュメント「あい・讃歌」のアーチをくぐると幸せになれるという

伊東市

道の駅 伊東マリンタウン《みちのえき いとうマリンタウン》

伊東市湯川571-19
☎0557-38-3811
時間／自由※遊歩道は11:00～15:00（雨天・荒天時閉門）
料金／なし
ご利益／恋愛成就、縁結び

恋の橋めぐり《こいのはしめぐり》

伊豆市

温泉街を流れる桂川に架かる楓橋(上)と桂橋(下)

5つの橋を渡って恋愛成就

「桂川に架かる5つの橋を、願掛けしながら渡ると恋が成就する」と観光客の間で話題になっている。それぞれの橋には渡月橋＝みそめ橋、虎渓橋＝あこがれ橋、桂橋＝結ばれ橋、楓橋＝より添い橋、滝下橋＝安らぎ橋の呼び名があり、全部渡れば2人は固く結ばれるという言い伝えがある。

伊豆市修善寺
☎0558-72-2501（伊豆市観光協会修善寺支部）
時間／自由
料金／なし
ご利益／恋愛成就

誓いの丘《ちかいのおか》

小山町

ダイヤモンド富士でご利益も倍増!?

金太郎富士見ライン沿いにあるデートにぴったりの富士山ビュースポット。南京錠を「誓いのモニュメント」にかけ、「誓いの鐘」を鳴らすと、幸せが訪れると言われている。4月、8月には富士山に夕陽が沈む「ダイヤモンド富士」が見られることも。現地では南京錠を販売していないので持参しよう。

ダイヤモンド富士が見られなくても夜景が楽しめる

恋する若者を詠った新田次郎の文学碑が建つ

駿東郡小山町竹之下
☎0550-76-5000
（小山町観光協会）
時間／自由
料金／なし
ご利益／恋愛成就、縁結び

エスパルスドリームプラザ《エスパルスドリームプラザ》

静岡市清水区

観覧車のカップルシート（2人1500円）に乗るともらえる「南京錠」で永遠の愛を誓おう

セイリングベル

海に響く2人の誓いの鐘

海側のデッキにある「セイリングベル」が、「恋人の聖地」に認定されている。ハート型のモニュメントの中に「LOVE」の文字が隠れた鐘があり、これを2人で鳴らすと幸せになれるそうだ。周辺には愛を誓った南京錠が数多く掛けられている。

静岡市清水区入船町13-15
☎054-354-3360
時間／自由
料金／なし
ご利益／恋愛成就

静岡市清水区

日本平ロープウェイ

にほんだいらロープウェイ

静岡市清水区草薙597-8
☎054-334-2026
時間／9:10～17:15（久能山最終）※冬期（10月16日～3月31日）は～16:15
料金／2016年1月1日よりロープウェイ大人往復1100円、子ども往復600円
ご利益／恋愛成就

愛の鍵をかけて永遠に

富士山や南アルプスを一望する景勝地・日本平も「恋人の聖地」の認定地。愛を誓うにはまずロープウェイの切符売り場でハート型の錠（ハートロック）と約束の鍵2本を購入。2人の想いを書いてハートロックはモニュメントに施錠し、鍵はそれぞれが身に着け愛の証しに。

ロープウェイ日本平駅に「愛鍵」が並ぶ

假屋崎省吾さんプロデュースの「愛むすび・愛鍵（あいかぎ）」1000円

袋井市

愛野公園

あいのこうえん

袋井市豊沢1727
☎0538-43-1900
時間／8:00～22:00
※日曜、祝日は～17:00
料金／なし
ご利益／恋愛成就

鐘を鳴らして夜景デート

袋井市制施行40周年を記念して作られたシンボルモニュメント「愛の鐘」が、恋愛スポットとして人気を呼んでいる。この鐘を過去・現在・未来への願いをこめて1度ずつ、3回鳴らすと恋愛運が上がり、願いが叶うと言われる。市内が望める展望広場の夜景デートもお薦めだ。

愛の鐘は公園の西側Bゾーンにある

浜松市北区

浜名湖SA

はまなこサービスエリア

浜松市北区三ケ日町佐久米字崎山47-1
☎053-526-7220
時間／自由
料金／なし
ご利益／恋愛成就

美しい夕陽に愛を誓おう

奥浜名湖・寸座半島の先端にある東名高速道路のサービスエリア。湖を望むこの地も「恋人の聖地」に認定されていて、メッセージを書いた南京錠がズラリ。実はここ、水平線に沈む夕陽が見られるスポットとしても知られる場所。サンセットタイムを狙って出かけよう。

南京錠と鍵は売店で、ハート型のトンボ玉ストラップとセットで1782円

ご利益別スポット案内

【縁結び編】

八百比丘尼にあやかって老い知らず

稲取漁港のほとりに祀られている3体の石像の1つ。髪を肩までたらし、左膝を立てて座っている中央の像が、伝説の「八百比丘尼」。不老不死の人魚を食べたために800歳まで若さを保ち、その美しさに求婚者が後を絶たなかったと言われる。拝めば良縁に恵まれるという。

ひときわ大きい像が八百比丘尼

東伊豆町

八百比丘尼《やおびくに》

賀茂郡東伊豆町稲取828
☎0557-95-0700（東伊豆町観光協会）
拝観時間／自由
拝観料／なし
ご利益／縁結び、健康長寿

「縁結びのお守り」各1000円

意中の人と縁結び

白浜海岸近くに鎮座する約2400年の歴史を刻む伊豆最古の神社。本殿や樹齢2000年の御神木が放つ神聖な空気が漂う社は縁結びの神様で知られ、歌手の西城秀樹夫妻もここで式を挙げている。お守りも各種揃い「縁結び特別祈願」（1000円）で意中の人との縁結びをお願いできる。

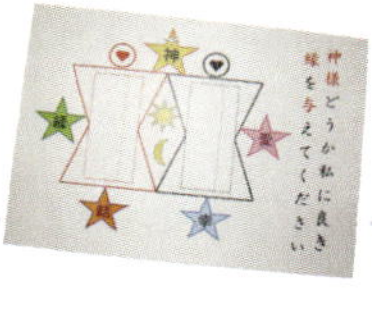

「縁結び特別祈願」用シート

下田市

白浜神社《しらはまじんじゃ》

下田市白浜2740
☎0558-22-1183
拝観時間／9:00~17:00
拝観料／なし
ご利益／縁結び、恋愛成就、子授け、安産、厄除け

ロープウェイに乗って縁結び

愛染堂《あいぜんどう》（下田ロープウェイ）

伊豆七島や天城山を見渡す絶景が楽しめる観光スポット、寝姿山山頂（ロープウェイ往復大人1030円）。実は愛染明王を祀る縁結びスポットとしても知られ、お堂の近くにはハート型の絵馬がずらり。出会いを願って土器（かわらけ）を投げる「和（なご）み玉投げ」も人気。

「ハート型絵馬」500円

仏師・運慶作の御本尊「愛染明王」が祀られている

下田市東本郷1-3-2
☎0558-22-1211（下田ロープウェイ）
拝観時間／9:00〜16:30
拝観料／なし
ご利益／縁結び、恋愛成就、子授け、安産、開運、金運上昇

巨木にあやかっていい夫婦に

三島神社の夫婦楠《みしまじんじゃのめおとくす》

創建は平安時代の初め頃。境内でひときわパワーを放つ樹齢1000年以上と言われる楠は高さ約23m。2本の木の根が、地上32㎝の高さまで結合しているのが大きな特徴で、さながら仲睦まじい夫婦のよう。縁結びを願って訪れる人が多い。神秘的なその姿は女神であるとの言い伝えも残る。

県指定天然記念物の夫婦楠

賀茂郡南伊豆町二条933-1
☎0558-62-0141（南伊豆町観光協会）
拝観時間／自由
拝観料／なし
ご利益／縁結び

おむすびに触れて良縁祈願

貴船神社《きふねじんじゃ》

京都貴船神社本宮の分社で御祭神は「恋を祈る」縁結びの神としても知られる水の神様、高龗神（たかおかみのかみ）。「えんむすび通り」（参道）にある石塔にのった紅白の「おむすび」に手を触れて願うと、良縁に恵まれると言われている。柿田川公園内にあるので、清流からもパワーがもらえそう。

柿田川が近いので散策やデートにもお薦め

駿東郡清水町伏見71-7（柿田川公園内）
☎055-975-6987（清水町商工会）
拝観時間／自由
拝観料／なし
ご利益／縁結び、商売繁盛

森町

天宮神社《あめのみやじんじゃ》

サイクリストや学生に「自転車御守」（ステッカー込）1000円、「道御守り」600円、「なぎの葉守」200円

樹高10mのなぎは県の天然記念物

珍しい「自転車御守」

1500年前に創祀された山あいの神社。商売繁盛や交通安全・武芸上達など「道の守り神」を祀る社だが、縁結びスポットとしても人気。御神木のなぎは葉が丈夫でちぎれず、新木が絶えないことから、夫や恋人との縁が切れることなく続く、千年の契りが結ばれる木として信仰されている。

周智郡森町天宮576
☎0538-85-5544
拝観時間／自由
拝観料／なし
ご利益／縁結び、交通安全、家内安全、開運厄除、学業成就

浜松市西区

舘山寺《かんざんじ》

まずは縁結び地蔵にお参り

810年に弘法大師によって創建された古刹。本堂の西に縁結び地蔵が祀られ、お堂の前には絵馬がズラリ。「心」の文字に「鍵」の絵を重ねた縁結び絵馬で、良縁を願う心に鍵をかけ、お地蔵様に願いを託すという意味なのだという。縁結びのお守りも各種揃う。

「縁結び絵馬」、「縁結び御守」600円～

浜松市西区舘山寺町2231
☎053-487-0107
拝観時間／7:00～18:00
拝観料／なし
ご利益／縁結び、恋愛成就、眼病平癒

浜松市北区

猪鼻湖神社《いのはなこじんじゃ》

神社は赤い太鼓橋を渡った先にある

浜名湖の絶景にも癒やされる

浜名湖と猪鼻湖を繋ぐ猪鼻瀬戸に浮かぶように突き出た巨岩・猪鼻岩に鎮座する縁結びスポット。水の神様、市杵嶋姫命（いちきしまひめのみこと）を祀り、縁結びのほか海上安全、商売繁盛にもご利益があるとされている。思わずシャッターを押したくなる絶景からもパワーと元気がもらえそう。

浜松市北区三ケ日町下尾奈
☎053-524-1124（三ケ日町観光協会）
拝観時間／自由
拝観料／なし
ご利益／縁結び、商売繁盛、海上安全

ご利益別
スポット案内

【子授け・安産編】

伊東市

音無神社《おとなしじんじゃ》

穴の開いたひしゃくがズラリ奉納されている

穴の開いたひしゃくで安産祈願

安産の神様、豊玉姫命（とよたまひめのみこと）を御祭神とする社で、拝殿には穴の開いたひしゃくがズラリ。これは穴の開いたひしゃくから水がスポッと抜けるのが安産につながるとされ、安産祈願とそのお礼として奉納されたものだ。尻相撲が行われる奇祭「尻つみ祭り」も有名。

伊東市音無町1-12
☎0557-37-2213
拝観時間／自由
拝観料／なし
ご利益／安産、子育て、縁結び

伊豆の国市

子育て地蔵尊《こそだてじぞうそん》

今も伝わる子授けの風習

弘法大師が子のない夫婦のためにお地蔵さんを供養したところ、子宝に恵まれたとの伝説が残る。岩肌に掘られた地蔵尊に寄り添うように並ぶ約200体の小地蔵尊の中から1体を借りて帰り、子が授かったら新しい地蔵を1体加えて、お礼参りするのが習わしになっている。

お地蔵さんの借り方については現地に案内があるので確認を

伊豆の国市神島1363付近
☎055-948-0304（伊豆の国市観光協会）
拝観時間／自由
拝観料／なし
ご利益／子授け

子宝の杉を通って子孫繁栄を願う

ひときわ目を引く樹齢800年の「子宝の杉」が、古くから信仰されてきた子授け祈願のスポット。根元がひとつになった2本の杉の間を通り抜ければ、子宝に恵まれるという言い伝えが残る。通りやすいようにはしごが掛けてある心づかいがうれしい。

伊豆市

日枝神社《ひえじんじゃ》

伊豆市修善寺
☎0558-72-2501（伊豆市観光協会修善寺支部）
拝観時間／10:00～16:00
※社務所は月・木曜休
拝観料／なし
ご利益／子授け

溶岩洞と安産夫婦岩も合わせてお参り

木花開耶姫命（このはなさくやひめのみこと）を御祭神とする子宝・安産の神社。すぐそばに富士山の噴火でできた「御胎内」と呼ばれる溶岩隧道があり、洞窟の中は神秘的な雰囲気。妊婦さんに洞内探検はお薦めできないが、ちょっとのぞいてみるだけでもご利益がありそうだ。

神社は自然豊かな御胎内清宏園内にある

「子宝安産御守」、「子授守」各300円

御殿場市

胎内神社《たいないじんじゃ》

御殿場市印野1382-1（御胎内清宏園）
☎0550-89-4398
拝観時間／8:30～17:00
※11～1月は16:30まで
拝観料／なし※入園料大人150円、子ども70円
ご利益／子授け、安産

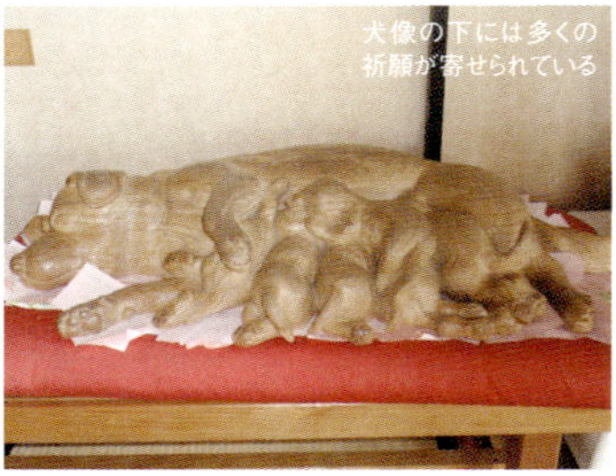

犬像の下には多くの祈願が寄せられている

お礼の人形や絵馬が奉納されている拝殿

木彫りの犬を撫でると子宝に恵まれる!?

撫でれば子宝に恵まれると言われる「木彫りの犬像」が有名。この神社は嫁入り前に身ごもったことを苦に湖に身を投げ、霊となって人々のお産を守ったという女性「安」を霊神として祀る。参拝すれば、安産で丈夫な子が授かると言われる。

富士宮市

杉田子安神社《すぎたこやすじんじゃ》

富士宮市杉田215
☎0544-22-1146（富士宮市子ども未来課）
拝観時間／自由
拝観料／なし
ご利益／子授け、安産、子育て

河内の大石《かわちのおおいし》

驚愕の大きさ!安産の大石

高さ19m、周囲60mの大きさは圧巻。安政の地震の影響を受け、翌年の大雨で真富士山中腹から流れ出たと言われている。石の上が蕎麦8斗を乾かすことができるほど広いことから「8斗石」とも呼ばれていたそう。現在は大石神社として崇められ、安産の石として親しまれている。

清水森林公園であいの広場から歩いて約40分の所にある

静岡市清水区河内字宝ノ窪
☎054-294-8805（静岡市中山間地振興課）
拝観時間／自由
拝観料／なし
ご利益／子授け、安産

島田市

大井神社《おおいじんじゃ》

3人の女神を祀る女性にうれしい社

水の神、土の神、日の神の3人の女神を祀る神社で、古くから女性や子どもの守護神として親しまれてきた、まさに女性のためのパワースポット。ご利益も子授け、安産、子育てと女性に関係があるものばかりだ。大井川の神様でもあることから交通安全、旅行安全のご利益もある。

「白蛇金守」500円。白蛇は神様の化身で幸運と財を招くと言われる

島田市大井町2316
☎0547-35-2228
拝観時間／自由
拝観料／なし
ご利益／子授け、安産、長寿、厄除け

掛川市

三熊野神社《みくまのじんじゃ》

導きの神「ヤタガラスおみくじ」300円。「子授守」、「安産御守」各500円

子授けを祈願する神子抱き神事も人気

約1300年前、文武天皇の皇后が紀州熊野神社に願をかけ、皇子（聖武天皇）が誕生。これを受け勅命によってこの地に熊野本宮大社の御分霊を祀ったのが起源とされる。「おねんねこさま」という人形を抱き、子授けを祈る「神子抱き神事」（4月）のご祈祷を受ける人も多い。

掛川市西大渕5631-1
☎0537-48-2739
拝観時間／自由※社務所9:30〜15:00（不在あり）
拝観料／なし
ご利益／子授け、安産、縁結び、災難除け、厄除け

小さな小石を腹巻きに

神社名にもなっている「孕石」は境内の小さな祠の前にあり、よく見ると表面に小石がぽこぽこ出ているのがわかる。これは小石が長い年月を経て結合し、大石になった「さざれ石」で、その小石を1つもらい腹巻きなどの中に入れ、毎日祈ると子宝に恵まれると言われている。

祈願の仕方は祠の中に書かれている

掛川市

孕石神社《はらみいしじんじゃ》

掛川市孕石195
☎0537-24-8711
（掛川観光協会ビジターセンター）
拝観時間／自由
拝観料／なし
ご利益／子授け

主祭神は「白山妙理大権現」（はくさんみょうりだいごんげん）

「子授かり・安産・子育守」500円ほか

女性の味方、小仏様

石川県の白山比咩（しらやまひめ）神社から迎えられ968年に創建。石川と岐阜にまたがる白山の山岳信仰の社で、水神や農業神として崇められている。共に祀られている「小仏様」は、天竜川の洪水で流されてきた女性の御神体で、子授け、安産のご利益があると言われている。

浜松市天竜区

瀬尻白山神社《せじりはくさんじんじゃ》

浜松市天竜区龍山町瀬尻地内
拝観時間／自由
拝観料／なし
ご利益／子授け、安産、健康長寿、縁結びなど

安産から出世運までご利益いろいろ

2社を合祀する神社だけにご利益もいろいろ。2社共に徳川2代将軍、秀忠公誕生に際し産土神（うぶすながみ）として家康公に崇敬され、以降も歴代将軍の崇敬篤く、この事から今も子育て、子守りの信仰を集めている。荘厳な社殿や日本最大級の狛犬、境内の見事な石垣も必見だ。

安産、子育てを始め、厄除けや家内安全のご利益も

浜松市中区

五社神社《ごしゃじんじゃ》
諏訪神社《すわじんじゃ》

浜松市中区利町302-5
☎053-452-3001
拝観時間／9:00～17:00
拝観料／なし
ご利益／安産、子育て、健康長寿、商売繁盛、出世運向上、学問・学業成就、厄除け

「子授けのお札」1000円と「幸せ夢叶まもり」500円

浜松市浜北区

岩水寺《がんすいじ》

珍しい母親の地蔵尊に祈願

725年に行基菩薩が創建したと伝わる真言宗の別格本山。本尊は薬師如来で、坂上田村麻呂と恋に落ちて子を産んだ龍神の魂が刻まれた厄除子安地蔵（国重要文化財）も祀る。母親の地蔵尊は珍しく、縁結び、子授け、家内安全など家の繁栄にご利益がある。地元では「家を護るは岩水寺」と言われている。

浜松市浜北区根堅2238
☎053-583-2741
拝観時間／8:30～16:30
拝観料／なし
ご利益／安産、子育て、健康長寿、開運、厄除け

ご利益別スポット案内【健康・長寿編】

悪天候の日は参拝不可

西伊豆町

堂ヶ島薬師堂《どうがしまやくしどう》

ぜんそく、百日咳に悩む人に

鎌倉時代に作られた木造の古仏、釈迦如来坐像、薬師如来坐像、阿弥陀如来坐像の3体を祀る小さなお堂。ほかに木彫りの咳止め地蔵も安置され、百日咳やぜんそく平癒にご利益があると言われる。子どもの病を治したいと祈願に訪れる人が後を絶たない。

賀茂郡西伊豆町仁科2121-1
☎0558-52-1268（西伊豆町観光協会）
拝観時間／8:00～17:00
拝観料／なし
ご利益／健康、ぜんそく、百日咳平癒

【健康・長寿編】

「ぼけたくない」は皆の願い

仁科川の清流を前に立つ古刹。健康にご利益があるとされ、ぼけ封じ観音を祀ることから、参拝者が絶えない。お参りする時には、自らの病を心配して拝むのではなく、観音様の慈悲の心を思い、無心に手を合わせることが大切とのこと。本堂の天井に描かれた漆喰の五百羅漢は必見。

「ぼけ封じ観音」

天井絵の五百羅漢

西伊豆町

東福寺《とうふくじ》

賀茂郡西伊豆町中24-1
☎0558-52-0549
拝観時間／9:00～15:00
※法事などの都合で不定休
拝観料／大人200円、子ども100円
ご利益／健康、ぼけ封じ

「不死身達磨大師」は高さ5m、重さ3tのブロンズ像。座った形では日本一の大きさ

日本一大きな不死身達磨大師

達磨寺として名高い京都・法輪寺の分院。日本最大の不死身達磨大師を安置し、病気平癒にご利益があることから「健康寺」とも呼ばれる。悪いところに水をかければ病が癒える「水かけだるま」や、開運札に願いを書いて貼り付ける「願かけだるま」など敷地内はだるまさんだらけ。

「五色願かけだるま」
2000円～

伊豆市

土肥達磨寺《といだるまでら》

伊豆市小下田463-1
☎0558-99-0731
拝観時間／9:00～16:30
拝観料／大人500円、小学生以下無料
ご利益／健康、病気平癒、長寿、商売繁盛、金運上昇

腰の悩み、ぼけ封じに

年に1日だけ3月に開帳される縦45m、横18mの日本一の大布に描かれた大観音の仏画で有名。絵に描かれている本尊は縁結び、恋愛成就のご利益で知られるが、ぜひ合わせてお参りしてほしいのが境内に鎮座する大日如来尊。腰痛やぼけ封じにご利益があると言われる。

3月中旬の日曜に、寺の裏山に掲げられる大観音画像

富士市

新豊院《しんぼういん》

富士市岩淵328
☎0545-81-0246
拝観時間／自由
拝観料／なし
ご利益／腰痛平癒、ぼけ封じ、厄除け、恋愛成就、縁結び

富士市

医王寺《いおうじ》

年に1度ご開帳される薬師如来

行基菩薩が境内の楠で彫ったと言われる薬師如来が本堂東の山の中に祀られている古刹。このお薬師さんは病気、特に眼病平癒にご利益があるとされ、3月の第2日曜に開かれる「初薬師」の時に、1年に1度だけご開帳される。

ご開帳時は境内の保育園児と、寺の詠唱会による音楽奉納が行われる

富士市比奈1546
☎0545-34-0329
拝観時間／問い合わせを
拝観料／なし
ご利益／眼病平癒

静岡市清水区

耀海寺《ようかいじ》

皮膚病や美肌にご利益あり!?

「興津の夏心（かしん）さん」の名で親しまれている寺。夏心さんとは皮膚病を侮辱されたことから人を殺め、「我と同じ病に悩む者あらば、信ずる者をば救わん」と言い残し自決した元幕臣の夏心了道聖人。境内には夏心さんを祀る夏心堂があり皮膚病やがん、いじめ防止にご利益があると言われている。

夏心堂

供えた水を患部に塗る又は飲用して祈願するのが習わし

静岡市清水区興津本町223
☎054-369-1256
拝観時間／6:00〜16:00頃
拝観料／なし
ご利益／皮膚病平癒、病気平癒、悪縁切り、良縁成就、商売繁盛、開運招福

菊川市

潮海寺《ちょうかいじ》

不動明王と薬師如来のダブルご利益

奈良時代創建の古刹。学頭防に祀られている不動明王には開運、厄除のご利益、金剛院に祀られている薬師如来は、病気平癒、身体健全、無病息災にご利益があるとされる。3年ごとに行われる「祇園祭り」は原因不明の病の流行をきっかけに、災厄除去を祈願したのが始まりだそう。

潮海寺本堂金剛院薬師堂

「御朱印」300円

菊川市潮海寺616
☎0537-35-2757
拝観時間／自由
拝観料／なし
ご利益／病気平癒、健康、開運、厄除け、商売繁盛

吉田町

能満寺の大ソテツ《のうまんじのおおソテツ》

高さ約6m、枝数約90本の迫力を誇る「長寿のソテツ」

日本三大ソテツにあやかり長寿を祈願

平安時代に創建された名刹。「日本三大ソテツ」にも数えられる国指定天然記念物の大ソテツが有名で、陰陽師の安倍晴明が大蛇を葬ったその上に植えたものと伝えられる。大蛇の精と1000年以上の寿命から、「長寿のソテツ」として親しまれ、延命長寿のご利益があると言われるようになった。

榛原郡吉田町片岡2517-1
☎0548-32-1555
拝観時間／9:00～16:30
拝観料／なし
ご利益／延命長寿

袋井市

松秀寺《しょうしゅうじ》

早朝のお参りで足腰が健康に

早朝にお参りすると足腰のケガや病気の回復にご利益があるという「朝観音」が祀られていることから、朝5時から賑わう珍しい寺。奉納したミニわらじがたくさん並んでいるのは大勢の人がお参りしている証しだ。購入できるお守りの「ミニわらじ」もある。

門前の弁天池は睡蓮の名所で見頃は6～7月

「ミニわらじ」300円

袋井市富里453
☎0538-23-3079
拝観時間／自由
拝観料／なし
ご利益／足腰の健康

周智郡森町

蓮華寺《れんげじ》

「幸せの鐘」も忘れずに

「萩の寺」としても知られ、6月上旬～9月中旬まで楽しめる

ぼけたくない人に人気

704年に行基菩薩が開創した名刹。歴代住職は139代を数える。文化財も多く、記念館（入館料300円）には良縁安産の守護神、木喰上人の晩年の傑作と言われる子安地蔵尊が祀られている。そしてぜひお参りしたいのが、がん除けやぼけ封じに功徳があるとされる不動明王。知る人ぞ知るスポットだ。

周智郡森町森2144
☎0538-85-5374
拝観時間／9:30～16:00
拝観料／なし
ご利益／健康長寿、ぼけ封じ、子授け、子育て

室町後期に建てられた薬師堂

節分星祭りで無病息災

湖西市

応賀寺《おうがじ》

本尊の薬師如来は病気平癒で信仰される。弘法大師空海上人を嵐から救ったとの伝説もあり、11月3日の大祭で年に1度ご開帳される。多くの人で賑わう2月3日の節分星祭りでは1年間の厄難消除と無病息災を祈願。参拝者にお汁粉が振る舞われ、祈祷後に豆まきが行われる。

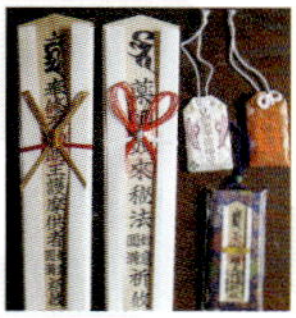

「祈祷札」3000円～（毎月8・28日の縁日、御祈祷含む）、「御守」300～500円

湖西市新居町中之郷68-1
☎053-594-0196
拝観時間／自由
拝観料／なし※宝物館300円
ご利益／病気平癒、健康長寿、開運、厄除け、商売繁盛

県内でも珍しい歯の神様

浜松市北区

光月神社《こうげつじんじゃ》

歯の病気にご利益があると言われる。御神木の根を刻んで服用すると、口の中の熱や歯の痛みが取れると言われ信仰されてきたが、これは木が傷むので遠慮してほしいとのこと。大祭では本殿の隣に供養箱が置かれ、多くの参拝者が古い歯ブラシを納めて、丈夫な歯になることを祈願する。

3月上旬の大祭の時に置かれる古い歯ブラシの供養箱

浜松市北区細江町小野764
☎053-522-4720
（奥浜名湖観光協会）
拝観時間／自由
拝観料／なし
ご利益／歯の病気平癒

やけど・病気平癒の神様と厄が落とせる赤石

浜松市西区

岐佐神社《きさじんじゃ》

熱い赤石で火傷を負った大国主命（おおくにぬしのみこと）を蘇らせた赤貝の神様、蚶貝比売命（きさがいひめのみこと）と蛤の神様、蛤貝比売命（うむがいひめのみこと）を祀る。病気平癒のご利益で知られ、境内には大国主命の命を奪った原因と伝わる「赤石」が祀られ、触れると厄が落ちると言われている。

御祭神は水産・漁業の守り神としても知られる

大国主命が受け止めて焼け死んだという神話の赤石

浜松市西区舞阪町舞阪1973
☎053-592-0757（舞阪町観光協会）
拝観時間／自由
拝観料／なし
ご利益／やけど平癒、病気平癒、海上安全、大漁祈願

ご利益別スポット案内

【開運・心願成就編】

富士市

開運 富士 毘沙門天《かいうん ふじ びしゃもんてん》

日本三大だるま市で有名 華やかな大祭は必見

開運の守護神、毘沙門天を祀り、毎年数十万人が訪れる日本三大だるま市の1つ「毘沙門天大祭」で知られる。境内には日本風、中国風、インド風の建物が点在し、「縁結びの樹」、「銭洗いの池」、「洞窟七福神」（大人300円、小・中学生100円）など見所も多彩。

旧暦正月7～9日に行われる毘沙門天大祭。だるまの「開眼祈願」が受けられる

富士市今井2-7-1
☎0545-32-0114
拝観時間／9:30～16:00
拝観料／なし
ご利益／開運、金運上昇

焼津市

焼津神社《やいづじんじゃ》

子どもの生育を願う「神ころがし」

剣で草を薙ぎ払い、向火を放って敵を退けたという伝説が残る知恵と勇気の神、日本武尊（やまとたけるのみこと）を祀る。開運をはじめ、さまざまなご利益がある。赤ちゃんが丈夫に育つことを願う「神ころがし」の神事や、千年の歴史を誇る勇壮な神輿渡御「荒祭」が行われる大祭の日は町中が賑わう。

本殿は徳川家康公が造営した

御祭神の日本武尊像

焼津市焼津2-7-2
☎054-628-2444
拝観時間／自由
※祈祷受付8:30～17:00
拝観料／なし
ご利益／開運、厄除け、家内安全、生業繁栄、安産祈願

光り輝く日本一の千手観音

平成15年に高さ4.2mの日本一の「焼津千手大観音」を造仏。京都にある三十三間堂の千手観音以来750年ぶりとあって話題を呼び、今も県内外から参拝者が訪れている。金箔で覆われた観音様の千手は大願を成就させる法力を持ち、手に持つ物は人々の願いを叶える道具だという。

造仏時の木片が入った「御分身御守」500円(上)と「大金御守」1500円(御分身御守入り)

焼津市

大覚寺《だいかくじ》

焼津市大覚寺1-19-1
☎054-628-1811
拝観時間／9:00〜16:30
拝観料／なし
ご利益／心願成就、縁結び、子授け、商売繁盛、金運上昇

開運出世光明大黒真天

国内最大！開運・出世の神様

木造では日本一大きいという大黒様、「開運出世光明大黒真天」を安置していることで有名。そのまばゆい金色の体の中には、日蓮上人作の三面大黒天が納められ、開運福寿・商売繁盛のパワースポットとして人気。大黒様の中からおみくじが出てくる「大黒天おみくじ」も必見だ。

浜松市天竜区

光明寺《こうみょうじ》

浜松市天竜区山東2873
☎053-925-3547
拝観時間／日の出〜日の入り
拝観料／なし
ご利益／開運出世、厄難消除、商売繁盛、金運上昇、勝負必勝

家康公にあやかって出世祈願

徳川家康公が天下統一の礎を築いた浜松市にある家康公を御祭神とする神社。この地は家康公が攻め入った引間城があった場所で、落城後は浜松城の城地となった歴史を持つ。家康公にあやかって出世のご利益が得られるスポットとして近年話題を呼んでいる。

手水舎の屋根付近に笑いネコが潜んでいる

浜松市中区

東照宮《とうしょうぐう》(引間古城跡)

浜松市中区元城町111-2
☎053-452-3001(五社神社諏訪神社)
拝観時間／自由
拝観料／なし
ご利益／立身出世、商売繁盛など

ご利益別スポット案内
【金運・商売繁盛編】

河津町

川津来宮神社《かわづきのみやじんじゃ》

鳥肉や酒を断つ風習が残る社

酒に酔って野原に寝ていた時に野火に囲まれ、命を落とすところを鳥に助けられたことから改心し、人々のために尽力したという杉桙別命（すぎほこわけのみこと）を祀る。この伝説から商売繁盛などにご利益があるとされる。今も12月18〜23日まで、鳥肉や酒を断つ「鳥精進・酒精進」の風習が残る。

パワースポットで国天然記念物。樹齢1000年を超える御神木の大楠

賀茂郡河津町田中154
☎0558-32-0800
拝観時間／自由
拝観料／なし
ご利益／商売繁盛、縁結び、家内安全、交通安全、海上安全など

伊豆市

山神社《さんじんじゃ》

お札&小判で、目指せ大金持ち

土肥金山の坑内にある金山守護の神・大山祇神（おおやまづみのかみ）を祀る社。坑夫が作業の安全と黄金の幸を祈った社も、時が流れて今は金運スポットとして大人気。輝く「黄金の鳥居」を見れば確かにご利益がありそうだ。「金運大吉」のお札や「お金がたまる小判」はお土産にも喜ばれそう。

「お金がたまる小判」（金箔張り）1080円

「純金箔金運御札」1300円

伊豆市土肥2726
☎0558-98-0800
拝観時間／9:00〜17:00（最終受付16:30）
料金／中学生以上860円、小学生430円
ご利益／金運上昇

お参りを忘れずに!

「金鳴石」を叩けば宝くじに当選!?

商売繁盛や宝くじが当たるなどの金運アップを求め、多くの人が訪れる金運スポット。お目当ては境内にある「金鳴石」で、叩くと澄んだ音が鳴ることから「金がなる石」と言われている。ただし金鳴石を叩くのは隣の「龍文堂」にお参りをしてから。そうすれば願いが叶うそうだ。

「御朱印」300円でさらなる金運アップ

浜松市北区

初山宝林寺《しょさんほうりんじ》

浜松市北区細江町中川65-2
☎053-542-1473
拝観時間／10:00～16:00
拝観料／大人400円、中高生200円
ご利益／金運上昇

ご利益別スポット案内

【ほかにもこんなご利益編】

全国から人が訪れる厄除け寺

日蓮聖人が伊豆に流されていた時に過ごした日蓮宗の本山。毘沙門堂で厄除け開運を祈り、めでたく鎌倉に帰ることができたことから厄除け祖師として仰がれ、全国から参拝者が訪れる。天狗が書いたという判読不明の「詫び状」が残る寺としても知られる。

住職に懲らしめられた天狗が書いたとされる寺宝「天狗の詫び状証文」。閲覧不可

伊東市

佛現寺《ぶつげんじ》

伊東市物見が丘2-30
☎0557-37-2177
拝観時間／9:00～15:30
拝観料／なし
ご利益／厄除け、交通安全、当病平癒など

夫婦円満のスーパー絶景

雲見海岸の沖に2つの岩が寄り添うように並ぶ「牛着岩」（夫婦岩）。夫婦円満のシンボルとして親しまれ、天気の良い日には背後に雄大な富士山がそびえ立つ。「世界でいちばん富士山がきれいに見える町」を宣言した松崎町屈指のスーパー絶景スポットだ。

この辺りはダイビングスポットとしても人気

賀茂郡松崎町

牛着岩《うしつきいわ》（夫婦岩）

賀茂郡松崎町雲見地区
☎0558-42-3964（松崎町企画観光課）
拝観時間／自由
拝観料／なし
ご利益／夫婦円満

御本尊の馬頭観音

馬主や馬術競技者が訪れる寺

小栗判官助重公が愛馬「鬼鹿毛馬頭観音菩薩」を祀って創建。以来、牛馬の守護仏として、牛馬家畜所有者はもちろん、競走馬の馬主、馬術競技者が馬の安全祈願に訪れている。近年は牛馬の代わりに車の交通安全や、新車購入時の祈祷などで足を運ぶ人が多いそうだ。

「馬頭観音御姿絵馬」500円、「紙祈祷札」300円

小山町

圓通寺《えんつうじ》

駿東郡小山町新柴292
☎0550-76-0926
拝観時間／9:00～16:00
拝観料／なし
ご利益／乳牛息災、馬体安全、交通安全、無事故運転、心願成就

極楽浄土を願って閻魔大王にお参り

この寺の薬師堂（熊野神社境内）には、薬師如来と共に、閻魔大王が祀られ、閻魔大王を拝めば極楽に行けるばかりでなく、現世の罪も許され、その家は子宝に恵まれて代々繁栄すると言われている。極楽浄土を願う人はぜひ足を運んでみよう。お薬師様のお参りもお忘れなく。

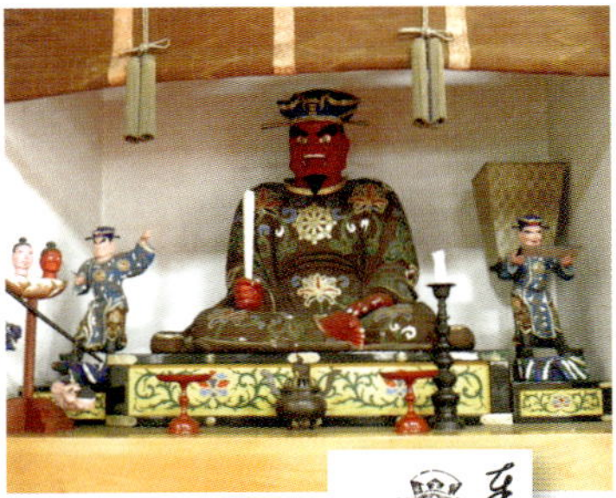

御朱印希望者は鳳林寺（清水区中之郷1-10-23）へ。300円

静岡市清水区

鳳林寺《ほうりんじ》

静岡市清水区中之郷2-9-8（熊野神社境内）
☎054-345-5522（鳳林寺）
拝観時間／希望者は申し出が必要　拝観料／なし
ご利益／極楽浄土、子授け、健康長寿

藤枝市

飽波神社《あくなみじんじゃ》

藤枝市藤枝5-15-36
☎054-643-2915
拝観時間／自由※授与所7:30～16:30
拝観料／なし
ご利益／サッカー上達、恋愛成就、縁結び、子授け、安産、健康長寿

JFA公認サッカー上達御守

藤枝市一円の鎮護の神として古墳時代に創建された歴史ある社。人々に知恵と幸福をもたらす少彦名命（すくなひこなのかみ）が御祭神でご利益もいろいろだが、日本サッカー協会公認「サッカー御守」があるのは、さすがサッカーの街。ホーム用とアウェイ用の2色がある。

ほかに開運、商売繁盛、金運・勝負運上昇、学業成就などのご利益も

「サッカー上達御守」500円

島田市

蓬莱橋《ほうらいばし》

島田市南2丁目地先
☎0547-37-1241（島田駅前観光案内所）
時間／自由
料金／大人100円、子ども10円
ご利益／長寿、厄除け

897.4mの語呂合わせで厄無し!

世界一長い木造歩道橋としてギネスブックに登録された大井川に架かる橋。全長が897.4mあるため「厄無しの橋」、長い木の橋から「長生きの橋」とユニークな語呂合わせで話題を呼び、年間約10万人が訪れている。橋を渡った記念に「蓬莱箸」（島田駅前観光案内所で販売）を買うのもお薦め。

長寿・安全祈願の御祈祷済み「蓬莱箸」500円

菊川市

応聲教院《おうしょうきょういん》

菊川市中内田915
☎0537-35-2633
拝観時間／自由
拝観料／なし※宝物館は500円（要予約）
ご利益／健康、長寿、開運、出世運向上など

酒好きの健康をのんべい地蔵にお願い

本尊の阿弥陀如来のほかにも、縁結び、夫婦円満の神「愛染明王」、昨年設置された開運、出世のパワースポット「さざれ石」などお参りポイントはいろいろ。なかでもユニークなのが酒樽型のお堂に祀られた「のんべい地蔵」。酒飲みの健康にご利益があると言われている。

のんべい地蔵。お堂の中は徳利でいっぱい

さざれ石

「金運守」、「招運来福守」各700円

併設の花庭園のしだれ梅も有名（2月中旬〜3月／入園料600円）

女性の味方、素戔嗚尊を祀る

ヤマタノオロチから後に妻となる女性を助けた神話が残る、女性に幸運をもたらすとされる素戔嗚尊（すさのおのみこと）を祀る。中でも災厄除けの霊験あらたかと言われている。掛川城の鬼門守護の社として山内一豊公の崇敬を得たことから、開運・出世運向上のご利益もあるそうだ。

掛川市

龍尾神社《たつおじんじゃ》

掛川市下西郷84
☎0537-23-0228
拝観時間／9:00〜16:30
拝観料／なし
ご利益／厄除け、縁結び、開運、商売繁盛、立身出世

諸芸上達、合格祈願に

明治天皇の命によって創建された皇室と縁深い神社で、御祭神は後醍醐天皇の第四皇子として動乱の南北朝時代に活躍した宗良親王（むねながしんのう）。常に学びの道を忘れることなく、秀でた和歌の才を発揮したことから諸芸上達・学徳成就の神と崇められている。

「合格絵馬」、「心願成就絵馬」各500円、「縁結び絵馬」800円

境内にある「絵馬資料館」（入館料大人200円、子ども100円）も必見

浜松市北区

井伊谷宮《いいのやぐう》

浜松市北区引佐町井伊谷1991-1
☎053-542-0355
拝観時間／自由
拝観料／なし
ご利益／学徳成就、開運、厄除け、健康、長寿、縁結び

「地震災難除御守」300円〜、お札は各種500円〜

全国でも珍しい地震、津波除けの神様

約500年前、新居町にあった浜名湖を守る神様を祀る神社が大地震の津波で流されてしまった。ところが奇跡的に難を逃れた御神体が奥浜名湖の気賀に漂着し、細江神社として祀られたという。以来全国でも珍しい地震災難除けの神様として信仰を集めている。

浜松市北区

細江神社《ほそえじんじゃ》

浜松市北区細江町気賀996
☎053-522-1857
拝観時間／6:00〜17:00
拝観料／なし
ご利益／地震災難除け

よりみちグルメスポット

しずおか開運ご利益めぐり INDEX

あ

か

さ

た

な

は

企画・編集　静岡新聞社出版部

スタッフ
海野しほこ　太田正江　梶歩　佐藤愛　鈴木和登子
瀧戸啓美　忠内理絵　永井麻矢　日吉景子　深澤二郎
御宿千香子　水口彩子　溝口裕加　依田崇彦

デザイン
komada design office
塚田雄太

地図
エスツーワークス

情報・写真提供
静岡県内各観光協会、商工会、市町観光課等、
忍野村観光協会、富士河口湖町観光連盟、山梨日日新聞社、
各関係神社仏閣

ぐるぐる文庫Special　しずおか開運ご利益めぐり
2015年12月18日　初版発行

著　者　静岡新聞社
発行者　大石　剛
発行所　静岡新聞社
〒422-8033　静岡市駿河区登呂3-1-1
TEL 054-284-1666

印刷・製本　大日本印刷株式会社

ISBN978-4-7838-1975-2